大展好書 好書大展

大展好書 好書大展

社會人智囊
32

智慧型說話技巧

沈永嘉 編著

大展出版社有限公司

序　言

許多人拙於言辭，因而總是吃虧。遺憾的是，他自己卻往往沒有發現到這一點，這或許是他忽略了說話的重要性所致。

然而，說話的技巧卻是十分重要的。根據最近的研究結果發現，員工的晉升速度，與他和上司之間的人際關係有密切的關聯。

這種人際關係，就是上司多照顧部屬幾分，而部屬也不辜負上司期望的彼此信賴關係。

上司和部屬之間，必須達成良好的溝通，此信賴關係才能建立。溝通必須藉著態度、行動和語言來進行。其中語言尤其重要。

無論在組織內、交易場所或家庭中，事情的成敗，往往會受溝通方式所左右。「口才不佳」只是藉口，我們不能再逃避現實，應勇於改變自己。

說話技巧是一種切身學習、訓練的「技術」。如果認為這可自然而然地學會，那就大錯特錯了。

如今社會正在快速地轉變，「語言就是工具」，不管你從事何種行業，學習說話技巧，將有助於你步上成功之路。

本書除了介紹說話技巧以外，並提供一些忠告，但願能對各位有所裨益。

目

第三章　讓對方認同我方主張的說話技巧

第四章　不被駁倒的說話技巧

第五章　不讓對方抓住小辮子的說話技巧

第六章　任意操縱對方的說話技巧

第七章　自我推銷時的說話技巧

第一章　簡易的說話技巧

◇不善於言辭的人總是吃虧

某家公司有些新進人員到公司報到。上司要兩位新進人員陪同參加應酬，其目的是向客戶介紹自己公司的新血輪，並希望新進人員學習與客戶應對的要領。

他們到一家俱樂部去，等大家坐下以後，兩位新進人員始終保持沉默。最後，客戶只好打破僵局，與他們閒話：

「你們年輕人最近都喜歡那些休閒活動呢？」

「哦！很多啊！」

「很多？」

「是的，像打網球或衝浪等。」

「你們覺得有趣嗎？」

「還好。」

「平常到那裏玩呢？」

「很多地方。」

「譬如說……」

客戶主動發問一會兒後，也就不再說話了，於是，兩位新進人員便聊起天來，而且愈談愈起勁，幾乎忘了客戶的存在。

他們的上司看在眼裏，心中十分憤怒，決定不再帶他們去參加應酬。他認爲，這兩位新進人員必須在公司內加以訓練。

新進人員發生這種情形倒還無可厚非。但對於進入第二年後，此作風仍然不改的員工而言，前途恐怕就不樂觀了。

許多人都容易犯一個錯誤，亦即採取自以爲是的談話方式。業績不佳的業務員通常有個特徵

，那就是完全不關心對方的想法，只將注意力集中於如何說完自己想說的話。如果對方插嘴，便誤以為對方在向自己進行「攻擊」，於是採取全面「備戰」的姿態。這根本不像在交談。如此的交談進行到最後，必定會使對方產生不信賴感。

許多人說，最近的年輕人極不善於言辭。究其原因，主要是因為他們慣於在同伴間使用「黑話」（暗語、暗號，或不為外人了解的私語）所致。

關於這一點，像前面所舉的例子，某公司的兩位新進人員正是這種情形。

▼他們一直保持沉默，直到他人先開口為止。但即使他人向他們問話，也只是簡略作答而已。

▼他們不肯探求對方關心所在。似乎認定彼此是屬於不同世界的人，因而難以溝通、了解。

▼但若基於工作上的需要，他們便會單方面地說個不停。既不確認對方的反應，也不嘗試讓對方了解自己。

這樣一來，絕無法建立良好的人際關係。如果採取此態度去進行商場上的洽談，更不可能獲得客戶的信賴。

順利進行溝通的關鍵只有一點，那就是較早與對方建立「面熟的關係」，接著逐漸加深彼此的親密度，發展「氣味相投的關係」及「可提出無理要求的關係」。

其第一個步驟是先開口說話。

▼主動與對方談話。

▼由天氣等無關緊要的話題說起，逐漸探求對方所關心的話題。

▼和對方談話時，應儘量讓對方說話，自己則當聽衆，並技巧地應對。

有一次，我和某人談話。後來，他告訴我：「你眞會說話，我服了你啦！」

事實上，我只是努力聽他說話而已。這時，我才了解，當個好聽衆，就可成爲口才好的人。

因爲，仔細聽對方說話，才能說些迎合對方心裏的話。

而對方眼見你如此耐心地聽他說，自然會對你產生信賴感，並進一步接受你的言談。

每個人都樂於見到他人認眞地聽自己吐露心聲，如此一來，說者將會說得更起勁。

因爲，這表示對方很重視你。

我們常可看到以下的情形：

工作得精疲力盡的先生回家後，在家中等待已久的太太便開始訴說些瑣事，先生只好反覆地以「哦、嗯」作答，有時甚至將注意力集中在報紙或電視上。

不久，太太見先生不答腔，也就停止嘮叨，緊接著是一片沉默。

以上這種情形，是先生的態度不對造成的。常此下來，難保夫妻間不會產生間隙，而且，此間隙極可能愈來愈大。

當然，太太也有責任。她應該等先生稍作休息後，再開始和先生聊天。

站在優勢。

明白表達自己的意思，好讓對方了解。自認表達能力不佳者，只要努力改善，進行會談時必定可

不過，若採取一切盡在不言中的態度，却要彼此培養良好的默契，就不可能了。因此，必須

只要當事人有所體認，這種情形很容易改善。

◇口才不佳只是藉口

許多人不願與自己同伴以外的人交談，因而無法建立良好的人際關係。此外，也有許多人自認口才不佳。

然而，這世上沒有天生口才好的人，卽使公認口若懸河者，也不是在任何狀況下都可應付自如。任何人都必須歷經失敗的經驗，才能逐漸進步，而獲得口才好的美譽。

播音員和演員等，都是使用語言的行家，但他們大都認爲自己從小就不善於言辭。

原因很簡單，由於他們口才不佳，才加倍努力，最後獲致應有的成果。

在企業界也是一樣的。

例如：某項調查結果發現，業績最優和最差的保險業務員，幾乎都是些個性內向，口才不佳，且有些神經質的人。至於個性外向，能言善道的一群人，則大都業績平平。

這是因爲，個性內向且有神經質的人，通常會深入探求事物的來龍去脈，並熱中於研究。當他們完成一件事後，必定會檢討得失，找出導致成功或失敗的因素，而且，他們會再度嘗試導致成功之因素的可行性，若再次成功，便獲得「此因素是成功的關鍵」的證明。

他們就是如此累積成功的經驗。

事實上，當你和一流的保險業務員交談時，將會發現，對方看來很文靜，話說得不多，但你却始終有種被他吸引，也被他了解的感覺。

口才好，並不表示一定要舌燦蓮花。

許多年輕人在非正式的場合與夥伴共聚一堂時，總能說些幽默、逗趣的話，而獲得衆人的歡迎。

但這些人在參與正式的會議時，却變得沉默寡言，凡事都以「是」「不是」「很可能」或「不知道」來作答。

也就是說，他們無法在正式的場合說出得體的話。

由於深怕被人取笑，因此在過於介意他人對自己評估的心理壓力下，便無法自在地發表意見。

任何人在正式的場合都會怯場，據說，如今被譽爲名演員的人，在初次面對攝影機時，緊張得幾乎忘了台詞，這是極其自然的事。

只要表現得從容、大方，自然可說些得體的話。如果能「不傷大雅地幽默一下」就更好了。名演員藉著平日嚴格的訓練去克服難關。這是由體驗中所獲得的自信。

事實上，語言對人類而言，是非常重要的。只要有自信，所說的話自然會顯得有力、有份量。如前所述的拉保險高手，由於他們能掌握會話技巧，因此在充滿自信下，加強了其語言的說服力。

要培養自信，首先應勇於嘗試，由嘗試的結果中，可找出成功和失敗的關鍵。

所謂口才不佳，只是爲自己的不努力尋找藉口罷了。

在多次的嘗試與體驗中，自可學會談話的技巧。只要經常有如下的想法：「這種方法不盡理想，是什麼原因呢？」「其他還有更好的方法嗎？」如此追根究底，就能獲得各種經驗。此外，看報刊、電視或聽人說話，都可學習說話的技巧。

從現在開始，設法加強自己的表達能力吧！

◇說話是件樂事

人為什麼會感覺快樂呢？當心中的慾求獲得滿足時，人們就會覺得心情愉快。而人的慾求是有等級之分的。

如果水準較低的慾求無法獲得滿足，高水準的慾求就不可能出現。這些慾求自低水準到高水準，如下所列：

生理上的慾求——食慾、睡眠慾、性慾等。

安全感的慾求——保護自己身體的慾求以及生活安全上的慾求。

社會歸屬感的慾求——希望成為集團中的一分子，並為人所愛的慾求。

自尊（自我）的慾求——重視自信，想獲得別人認同的慾求。

成功的慾求——尋求自我實現，不斷追求理想的慾求。

當生理上的慾求或安全感的慾求無法獲得滿足時，絕不可能愉快地進行談話。社會歸屬感的慾求，則是希望自己成為集團中的一分子，不僅要被接納，而且要被愛，因此，此慾求是進行說話的起點。

彼此基於這種慾求而開始談話，並產生相互認同屬於同一集團的夥伴，而持續下去的交談。談話的範圍很廣，包括公式化的外交辭令，以及一般私人的會話等。打招呼便是公式化的會話。

但若認為打招呼只是形式而忽略了它，就無法繼續談論主要的話題。因此，和別人初次見面時，還是應公式化地逐步交談。

彼此若能公式化地進行交談，溝通時便不至於受到阻礙。

初踏入社會的人，無法建立良好的人際關係，原因之一，就是不慣於作公式化的交談，亦即不慣於遵循這些說話的規則所致。

在用辭方面，一般年輕人也總是說些夥伴間所使用的「黑話」，實在難登大雅之堂。

此外，與人談話時，若漫不經心地以「嗯、哦」作答，長輩及上司大都會感到生氣。

任何人只要被一個集團接納，就必須遵守此集團的規則。體會這些規則以後，便可自由地使用語言，使說話成為一件樂事。

以慾求的等級而言，真正的談話樂趣，必須在自尊慾求或成功慾求獲得滿足時才會產生。亦即當自己的想法或構想獲得大家的認同，或在交談中感覺自己更善於待人處世時，就會覺得談話是件樂事。

由此可見，談話的樂趣便是「交往的樂趣」，以及「知道自己更爲進步的樂趣」。業務員在向顧客推銷東西，或提供服務時，情形也是一樣的。

爲獲得顧客的認同，業務員必須先建立「彼此愉快交往」的關係。此外，也要儘量推銷自己，以獲得對方的信賴。業務員若能確實做到這兩點，彼此的交談必定很起勁。

不僅如此，顧客還可能答應購買商品或接受服務。

業務員若能和顧客或有關單位的人愉快地交談，辦起事來自然會事半功倍。事實上，任何人都可與他人愉快地談話。若結果不是如此，其原因大致如下：

▼輕視語言或交談的功能。

▼不願遵循公式化的規則或不想學習說話技巧。

▼故步自封，不肯作自我檢討和新的嘗試。

磨練說話技巧，是滿足自己的人性慾求，以及在生活上或工作中都更加得心應手的重要手段。

第二章　讓彼此愉快交往的說話技巧

◈受人歡迎的說話技巧

進行說服或交涉時的說話技巧固然重要，對一般的社交以及朋友間的交往而言，說話技巧也是十分重要的。

所謂會話，就是人與人之間在進行溝通時所交換的語言。如果彼此談得不投機，便毫無意義可言。

中國人最喜歡講「緣分」，既然有緣和某個人會面，彼此應作更深一層的溝通，以便在對方心目中留下深刻的印象。

更深一層的溝通，就是心靈上的接觸與交流。眞正的快樂，將會由此產生。當自己有被了解和被接受的感覺，而且自己也了解對方的感受時，這種喜悅是難以形容的。

這雖然不是件容易的事，但至少，我們在與人談話時，應態度自然、不卑不亢地進行溝通，如此一來，氣氛會較爲輕鬆愉快。

●接納對方是重要的作法

和他人談話時，首先應敞開胸懷，無論對方怎麼說，都應該予以接受。

如果在對方說話時，一味地反駁、批評或打斷他所說的話，而自顧自地說個不停，對方最後將會閉口不說。若希望彼此的交談持續下去，必須先仔細傾聽對方的話，接著再適時提出自己的意見。這是「積極傾聽的姿態」，如果以具體的行動來表示，就有下列兩種作法。

＊有反應的聽法

以態度和語言，表示自己的確在傾聽對方說話。包括點頭、簡短地發問、誇獎，以及整理對方所說的話，簡單扼要地重復說一遍等。

最重要的是，不可批評或否定對方的話，而提出自己的意見，必須讓對方暢快地表達自己的意思。

＊達成共識的聽法

要讓對方知道，自己了解他所說的話。首先應以語言表示，例如：「我知道你的意思是……」。此外也可表示出，自己不僅了解談話內容，而且也了解對方的心意或心情。例如：「我知道你對這件事覺得……。」

當一個人感覺別人了解自己的心意時，才會認爲自己確實被了解。

或許你會認爲，採取此種作法，自己簡直毫無說話的機會，但事實却正好相反。如果你能仔細地傾聽對方說話，然後再適時提出自己的意見，對方通常會大爲讚賞你的口才。

這樣一來，卽使對方是個說話滔滔不絕的人，也會仔細傾聽你所說的意見。

如果你希望自己的會話技巧更上層樓，不妨試著實踐看看以上的「傾聽法」。但若是和初次見面的人談話，則必須積極地打開話匣，小孩之所以能較快學會外國語言，主要是因爲他們勇於「現買現賣」，不會因爲說錯而覺得難堪。

我們應該學習小孩的這種精神。

●適應對方的對答法

其次要介紹的是，針對對方說話的動機或意識狀態而加以適應，並控制自己說話的方式。關於這方面的實踐技術，可透過交流分析（transactional analysis）或人際關係模式（social style）等理論來學習。只要學會此方式，便能毫無問題地適應對方的態度及說話方式。

若能細心觀察，我們也不難由日常生活中體會此方式。

根據交流分析，人與人之間要建立起人際關係時，通常會分別呈現下列這三種心態。

▼父母的狀態——呈現此心態時，會像父母對待孩子一般，時而批評，時而保護。

▼小孩的狀態——這時，會像小孩一樣，任性地表現出喜怒哀樂，甚至也會撒嬌。

▼成人的狀態——會認爲自己是有理性的社會人，冷靜、客觀地採取行動。也就是說，會遵守社會的規則行動。

如果想順利地和對方進行溝通，就必須適應對方的心態。如果對方在談話中呈現「父母的狀態」，我們也應以「父母的狀態」對答。

對方：「最近的年輕人眞不長進！」

自己：「是啊！那像我們年輕時那麼努力呢？」

這樣一來，談話便可順利地進行下去。但若用以下的話作答，將會怎樣呢？

自己：「我們年輕時還不是一樣不求上進？」

這時，由於對方無法獲得滿意的回答，心中當然會感到不愉快，一場談話，可能就此中斷。

在這種情況下，應以下面的話作答較為理想。

自己：「我同意你的說法。不過，我總覺得，因為年輕時有人來教誨我們，所以今天才有這樣的成就。」

對方以「父母的狀態」說話，我們也要以「父母的狀態」接受他的說法，然後再以「成人的狀態」提出理性的意見。如此，雙方便可在不傷感情的情況下，使交談朝「如何解決這問題」的建設性方向發展。

相反的，如果以和對方不同的狀態來回答，雙方或許就不能談得很盡興，交談甚至還會中斷。以下所舉的例子也是常見的情況。

部屬：「我認爲這方案還有進一步檢討的必要。」（成人的狀態）。

上司：「你又有一篇大道理了嗎？但現在最重要的不是理論，而是實行。反正我怎麼說，你就怎麼做！」（父母的狀態）。

晚輩：「今晚我們去喝一杯，怎樣？」（小孩的狀態）。

長輩：「你沒看到我這麼忙嗎？整天游手好閒的，眞不像話！」（父母的狀態）。

這位晚輩可能再也不會來找這位長輩了。

交談時的氣氛不夠熱絡，大都是因爲不能了解對方的心態，或雖然了解，但卻無法控制自己的心態所致。只要多磨練幾次，這種困難是不難克服的。

根據人際關係模式理論的說法，人們在建立人際關係時，有朝兩方向進行的性質。

▼主張性的方向：表示一個人所採取的行動和所作的指示，可被接受的程度。此程度強者和弱者的特徵，如圖表1所列。

▼反應性的方向：表示感情反應或感情表現（逆向感情壓抑）的強弱。反應性強的人，對於感情方面的事非常敏感（圖表2）。

將這兩方向組合起來，就形成四種型態（圖表3），各有各的特徵（優點）（圖表4）。將這些圖表和圖表1、圖表2組合起來，就可看出更具體的行動特徵（圖表5）。

問題是，當你看出對方的模式時，應採取怎樣的作法呢？

常聽人說：「改變自己比改變對方容易。」因此，如果希望談話順利地進行，就要像圖表6

圖表1　主張性的强弱

←主張性弱	主張性强→
□遲緩而愼重地採取行動。	□迅速採取行動。
□說話語調緩慢而輕柔。	□說話速度極快、強而有力，而且音量很大。
□在提出要求或陳述意見時，上身稍向後傾。	□在提出要求或陳述意見時，挺身而坐，上身略向前傾。
□無論是說出意見、提出要求或作指示時，都不具高壓性，甚至還有些猶豫不決。	□無論是陳述意見、提出要求或作指示時，都會加強語氣。
□不會當面貿然地進行攻擊。	□勇於當面挑戰。
□將主宰人際關係的權利交給對方。	□掌握主宰人際關係的權利。
□喜歡發問，較無主見。	□喜歡指示、命令他人。
□下決斷很慢。	□當機立斷。
□具有不願冒險的傾向。	□不怕冒險。
□下決斷時不向對方施加壓力。	□下決斷時向對方施加壓力。
□說話時不注視對方。	□注視著對方。

一般，配合對方的優點，而改變自己的行動。配合對方並不是出賣自己的行爲，只要將它視爲一種遊戲就好了。爲了在此遊戲中獲勝，必須了解對方，並且採取配合對方的戰術。

據說，美國人就是以這種理論來訓練業務員的，而且效果還不錯。此外，在日本也日漸普遍化。

要活用此理論，必須下定決心去實踐。

而且，若有資料可供參考，在應用這理論時，就更能得心應手。

你要有耐心地多多付諸實行。

圖表2　反應性的强弱

反應性弱 ←（感情壓抑力强）	反應性强 （感情的反應力和表達力很强）→
□應用肢體語言時，顯得較保守。	□誇張地應用肢體語言。
□採取行動時缺乏彈性。	□自由地採取行動。
□臉上的表情少有變化。	□臉上的表情豐富。
□很嚴肅。	□喜歡開玩笑。
□不易親近。	□易於親近。
□正式。	□非正式。
□壓抑感情的表達。	□自由表達感情。
□重視事實。	□重視感情。
□重視工作，較不重視人事方面。	□重視人事方面，較不重視工作。
□對聊天、開玩笑毫無興趣。	□喜歡聊天、開玩笑。
□不重感情，根據事實下判斷。	□感情的因素大大地影響下決斷。
□重視時間。	□不守時。
□以有規律的方法進行管理。	□以自己的方式進行管理。

◇造成熱絡氣氛的說話技巧

與人交談時，若能造成熱絡的氣氛，彼此之間便可產生親切感，有時，甚至連個人的私事都會成爲話題，而談得非常投機。

以下說明造成熱絡氣氛的方法。

●輕鬆地對人說話

一個默默無言的人，總給人難以親近的感覺。因爲，別人無法猜透他的心思。任何人對不甚了解的對方，都會產生某種不安，也就會

圖表3　四種類型

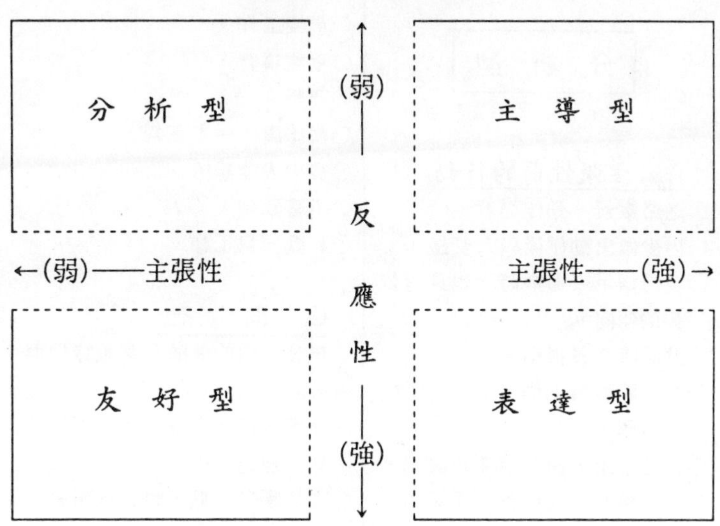

圖表4　各類型的特徵（優點）

分析型	主導型
○邏輯性 ○完美主義 ○很嚴肅 ○有系統的 ○愼重的	○自律性 ○率直的 ○果斷的 ○現實主義 ○有效率的
友好型	**表達型**
○協助性 ○支持性 ○社交性 ○有耐性 ○忠實的	○外向型 ○熱情的 ○具有說服力 ○喜歡開玩笑 ○自動自發

圖5-1 各類型的特徵（分析型）

分 析 型

A 主張性弱的行動

○走路緩慢，動作從容。
○極少做出動作或與人交談。
○發出指示或命令時，也具有依賴的傾向。
○說話時音量很小。
○說話時猶豫不決，並斟酌所說的話語。
○談話中斷，換話題重新說起，因而讓聽者感到難以了解和焦急。
○嘗試說明自己的想法。
○說話時，上身會稍向後傾。
○具有不願冒險的傾向，較重視實質。
○仔細地調查——調查衆多的意見，注重細節。
○下決斷很費時。
○下決斷時不向對方施加壓力。

B 反應性弱的行動

○抑制自己的動作，很少應用肢體語言，動作不僅不誇張而且呆板。
○臉部缺乏表情。
○音調變化極少，很單調。
○重視工作。
○重視事實。
○守時。
○很嚴肅，一本正經。
○很少表達感情。
○不喜歡聊天。
○喜歡獨自工作。

C 其 他

○辦公室內的裝潢兼具趣味性與高雅。
○穿著既保守又適切。不喜歡色彩豔麗的華服。
○喜歡獨自度假，也喜歡讀書。

D 典型的特徵

○邏輯性、完美主義、很嚴肅、有系統的、愼重的。

圖表5-2　各類型的特徵（友好型）

友　好　型	
A　主張性弱的行動 ○走路緩慢，動作從容。 ○在群體中，顯得沈默寡言。 ○音調柔和，語氣親切。 ○話說得很慢。 ○在提出自己的意見時，上身會稍向後傾。 ○徵求別人的意見。 ○參與會議時很少發言，只在別人說過後才說。 ○將別人所說的話和自己的方案結合在一起，綜合說出。 ○客客氣氣地拜託對方。 ○不願冒險。只說有眞憑實據的事。 ○下決斷很慢。 ○下決斷時不對他人施加壓力。 **B　反應性強的行動** ○注重人事方面的團體方面的事。私人上的資訊消息非常靈通，在別人生日時，總不忘寄生日卡或送禮物。很關心自己的行爲使對方產生怎樣的影響。 ○不喜歡單獨一人或太大的群體。較喜歡一對一或小集團。	○易受情緒的影響，並對他人的心情有所反應（糾葛、憤怒或迴避）。 ○臉上的表情和視線讓人不易親近。 ○毫不在乎的模樣。 ○穩重的。不具戲劇性，不採取攻勢。 ○聲音的抑揚很平穩。 ○隨機應變。 **C　其　他** ○辦公室不拘泥於型式。具有家庭的氣氛，並擺設家人的照片。 ○雖然穿著便服，但仍兼具趣味性與高雅。 ○喜歡和他人共度假日。所閱讀的書籍較喜歡傳記、創作或可給人帶來靈感的書籍。 **D　典型的特徵** ○協助性的、支持的、社交的、忍耐力性、忠實。

圖表5-3　各類型的特徵（主導型）

主　導　型

A　驅使性強的行動

○迅速地採取行動。
○重視工作，並且精力旺盛。
○當自己有所主張時，會直立並上身稍往前傾。
○慣於命令、指示他人。
○說話的速度極快。
○語氣強硬，具有強制性。
○有所主張時，會凝目注視。
○堅決主張事實或自己的意見。
○說話單刀直入。
○勇於冒險。
○迅速地下決斷。
○下決斷時會對他人施加壓力。

B　反應性弱的行動

○臉上少有表情變化。
○壓抑動作。
○極少應用肢體語言。
○語調平平。
○重視工作、現實利益和結果。
○重視事實（比分析型弱許多）。
○守時。
○顯得一本正經。
○不喜歡聊天。
○獨自工作或指示別人工作。
○對應的時間短暫，而且要出其不意。

C　其　他

○辦公室的內部裝潢很簡樸。
○穿著整齊。雖然重視行動但不至於誇張。
○度假時喜歡參加活動。如參與競賽等。
○讀書時間很短。喜歡看短篇的嫌疑小說或學術書籍。

D　典型的特徵

○自立的、率直、果斷、現實主義、有效率的。

圖表 5-4　各類型的特徵（表達型）

表　達　型

A　主張性強的行動

○動作迅速，善於應用肢體語言。
○總是一副精力充沛的模樣。
○大聲說話。
○說話很快，且從不猶豫。
○要說服別人時，總是直立並且上身稍向前傾。
○慣於命令、指示。
○堅決主張自己的意見。
○勇於冒險。
○下決斷時向別人施加壓力。
○領導計畫的進行。
○不喜歡單調的工作。

B　反應性強的行動

○動作誇張，善於應用肢體語言。
○凝目注視對方。臉部表情豐富。
○在四類型中，此型人聲音的抑揚、語調和音量最大。
○用辭誇張。
○喜歡玩樂也喜歡開玩笑。
○喜歡聊天和說人閒話。
○說話時總是偏離正題。
○最不守時。
○重視人際關係。最擅長交際。
○重感情。
○情緒容易變化。
○根據直覺說出意見。

C　其　他

○辦公室內多彩多姿，作風開放，但未經妥善整理，時而裝飾一些獎牌，時而張貼可給人靈感的海報。
○喜歡穿既耀眼又多彩多姿的服裝。
○喜歡參加宴會和競賽。
○很少看書。

D　典型的特徵

○擅長交際、情緒化、具有說服力、喜歡開玩笑、自發的。

圖表6-1　如何配合對方的類型

A　為配合友好型而轉變	B　為配合分析型而轉變
○和藹地說話，並且不疾不徐。擺出輕鬆的姿態，上身稍向後挺。以柔和的語氣說話，不提高音調。 ○儘量採取一對一的交往方式。態度必須眞摯。如果要聊天，應避免提及毫無根據的話題。 ○讓對方說話，引出對方的意見，並充耳傾聽。勿使用邏輯或策略來反駁，也不評論對方的說法。 ○必須以強烈的忍耐力來對應。如果對方出現不安、疑惑、擔心的跡象，則應給予安撫。不要讓他產生壓力感，只要促使他作決斷。 ○由你主動地決定目標，讓彼此都同意。一面考慮計畫完成的日期，一面檢討行動計畫。必須協助對方並支持他。務必負起你的責任，做事貫徹始終，且與對方保持聯絡。 ○保證這次所作的決斷和所冒的風險最小。但若作過度的保證，或沒有貫徹始終，便會喪失信用。 ○維持比其他的社會方式更具發展性的關係。	○要守時。 ○說話不疾不徐。上身稍向後傾，不大聲說話。 ○服裝、說話和作法，都應符合禮貌的原則。 ○立即開始工作。要有系統地根據事實作既符合邏輯又正確的準備，但別忘了人情味。 ○表示這方法最好，所冒的風險最小。但由於對方不喜歡誇張，因此不可誇張地強調優點。 ○將你所提之建議的益處列表。 ○愼重地慢慢行事。 ○如果對方優柔寡斷，應催促他作決斷。 ○將開會心得寫成書面報告。 ○明白表示工作之行動計畫各階段的結束日期。當無法按照預定的進度進行時，應頻頻報告工作的進展狀況。

圖表6-2

C　為配合表達型而轉變	D　為配合主導型而轉變
○精力充沛，加快工作的進度。 ○採取立正的姿勢並和對方交換視線。 ○花些時間和對方建立良好的人際關係。談談自己的經驗談、想法和熟人的消息。也可以提自己本身的事。此外，在某種程度上，應接受他擅長交際及幽默的作風。 ○表達型的人好辯，你不可被他影響而變得獨斷獨行。 ○了解其夢想與展望。 ○接觸他另眼相待的人，並獲得這些人的保證，以便得到他的支持。 ○首先眼光應該放遠，將焦點放在整體上，然後擬好行動計畫，斟酌細節。 ○引出他參與競賽的精神。 ○在達成目的的過程中，找出愉快的方法。 ○一面配合表達型，一面控制自己的作爲，以免違背自己的原則。 ○簡單扼要地說明彼此的一致點。 ○擬好行動計畫並付諸實行，處理必要的細節部分。	○守時。 ○精力充沛，速度加快。 ○採取立正的姿勢，與對方交換視線。 ○迅速地開始工作，有效地利用時間。 ○說話應明確、簡單扼要。 ○說話要有頭有緒，不可嘮叨不休。 ○焦點應始終放在結果上。 ○要說明自己的立場時，應選擇主要的事實加以利用。此外，也要運用邏輯向對方表達。 ○整理方案並加以歸納，以便容易選擇。 ○明白表示各方案的優缺點。 ○將衆人的智慧集中於一個問題上，並加快速度、節省時間。 ○如果有必要，就親自和他當面洽談。 ○公事談完便立刻回家。但別忘了打聲招呼。

採取防衛的本能。

當此本能起了作用時，他會儘量不開口說話。

因此，如果要消除對方的防衛心理，你必須表現出「我沒有惡意」的態度。主動和對方說話，是消除其防衛心理的好方法，不過，如果說話技巧拙劣，可能會產生反效果而讓對方提高警覺。

給對方安全感，是主動和他說話的目的。

其要點是：

▼由天氣等無關痛癢的事爲話題談起。

▼找出彼此共同的話題。也就是說，自己主動去適應對方，提出一些對方所熟知的或關心的話題。

有關興趣的話題，最能使人產生談話的興致。像打高爾夫球、垂釣或園藝等，是常見的興趣。

雖然有關個人興趣的話題，範圍十分廣泛，但若要配合對方的價值觀（對事物的看法、對好壞的辨別，以及事情的價值判斷），就不是那麼容易了。

例如：你主動以垂釣爲話題和對方攀談，並說「磯釣令人精神爽快」時，對方却說他較喜歡海釣，這就不算是氣味相投了。

為避免發生這種事，我們應一面試著去了解對方的價値觀，一面推進話題。你若莽撞地提出與對方相左的意見，必定會後悔莫及。

即使不是有關興趣方面的話題，只要談及對方不為人所知的値得誇耀的事，也會使對方覺得高興。但重要的是，最好避免提及有關對方的職業和部門的話題。因為，這會引起對方的緊張。

▼以對方心目中的重要人物為話題。此外，若提起對方的私事，尤其是對方認為沒有人知道的事，則更能產生效果。

某位政治家很深得民心。有一天，他去拜訪一位董事長，當他一踏進屋裏，就問董事長：「××，令堂的病好一點沒有？」

這位董事長後來說出他會見政治家後的感想：「我眞感到驚訝。我以為我母親生病的事，像這種大人物是根本不可能知道的，誰知他竟然會這麼關心！」

當然，那位政治家所以會知道董事長的私事，是因為他曾命令秘書作過調查。但無論如何，他能如此洞悉人性，並採取必要的手段，是値得我們學習的事。

▼稱呼對方的名字。如前所述的政治家便是採取此方法。他一開口就說：「×××，……」而且，在談話中也不斷提到對方的名字。

沒有人會因為別人重視自己的名字而感到不高興，也沒有人會對重視自己的人不懷好意。

一般人或許會認為這種作法有「拍馬屁」之嫌，事實上，只有不懂心理學的人才會有這種想法。如果不是採取圓滑的方法去待人處世，想在社會上立足，恐怕是難上加難。

▼別忘了「撫摸」。你要將對對方的關心、尊敬、親熱、好意等，全都在語言中表示出來。

此種作法可認為是一種「撫摸」（stroke）。若在廣義上加以應用，就可說它具有「認同對方的存在或價值的作用」。

對於人類而言，這種「撫摸」是非常重要的，其重要性並不亞於空氣。沒有它，無論成人或小孩，精神方面都不能正常地發展。

「忽視」（Discount）正好和「撫摸」相反，也就是「忽視對方的存在或價值」。

至於何種作法表示「撫摸」，何種作法表示「忽視」，如圖表7所列。

談話中的「撫摸」，是以「心靈上的接觸」為主，但若在交談中，一面和對方「握手」，或作「搭肩」「輕拍」等「肉體上的撫摸（肌膚接觸）」，效果將會更好。

此外，所謂「否定性的接觸」，則是指接觸方式採取否定的型式。

當然，如果雙方是初次見面，所能採取的接觸方式就極有限了。

這時，應有意識地「應答」「點頭」「誇獎」「微笑」「上身前傾」「行注目禮」「說話」「好好地聽對方說話」「看著對方的眼睛」等。

「說話」本身也會成為一種接觸方式。

「誇獎」當然也是接觸的一種，但一般而言，國人總認為誇獎對方是「奉承」「客套」的行

圖表7　「撫摸」的具體例子

	認同對方的存在或價值（撫摸）		輕視對方的存在或價值（輕視）
	肯定性的「撫摸」	否定性的「撫摸」	
肉體上的「撫摸」 (肌膚接觸)	撫摸 輕揉 擁抱 親吻 緊貼面頰 牽手 握手 併肩 搭臂 輕拍肩膀 柔道 胡鬧 摔角 剪指甲 掏耳朶 一起進浴室並替他洗澡 梳頭髮 陪他睡覺 授乳 看護 替他敷藥 按摩 指壓	打 拍 掐（輕） 推 按	揍 踢 扯頭髮 綑綁 摔下 撞開 推開 衝 抓 咬 摔東西 踩踏 以手肘碰撞 拖在地上 針刺 鞭打 殺害 拷打
心理上的「撫摸」 （心靈上的接觸）	誇獎 鼓勵 點頭 尊敬 安撫 點頭爲禮 微笑 喝采 上身稍向前傾 行注目禮 在一起玩 一同高興 讓他成爲夥伴中的一分子 揮手 打招呼 搭訕 送禮 仔細聽對方說話 注視對方的眼睛 寫信 打電話 慰勞 通知情況 信賴 委任 表揚 眞摯、誠實	責罵 怒目相視 提醒、警告 多管閒事 反對 皺眉 催促 命令、禁止（不可做…應做……）	諷刺 揶揄 數落 嘲笑 冷笑 移開視線 別過臉去 （將東西）拿走 東西不給他（逗他） 排斥他 放逐 不讓他知道消息 不讓他參與工作 懷疑 憎恨 過分干涉 毫不關心 說謊 不理睬 背地裏說壞話 說閒話

爲，因而加以輕視。我認爲，只要不太過份，適度誇獎對方，也是可讓彼此愉快交往的說話技巧。

在辦公室中，我們經常可看到如下的情景：

部屬：「我認爲……。」

上司：「喂！你畢竟在公司裏待了幾年，難道提不出具有建設性的建議嗎？」

這種接觸方式是典型的「輕視」。如今的年輕人，大都不肯服從如此的上司。

部屬：「我認爲……。」

上司：「嗯！不錯！至於……這一點，該怎麼辦呢？」

雖然這位部屬所提出的建議，也是一樣不完全被上司接受，但他卻會重新考慮、改善，以便再度提出更好的建議。

因此，身爲上司者，即使部屬所提出的方案或意見乏善可陳，爲了改善與部屬之間的人際關係，應該較有風度地說：「的確不錯，很有參考價值。」

◇幽默的感覺

幽默可使彼此的談話更愉快。它能使人敞開心胸、頭腦靈敏。於是，一場交談就由話題開始順利展開，並且內容更爲充實。

一般而言，具有幽默感的人，通常不會給人過於嚴肅的印象，因此人們大都樂於接近他。

●幽默有助於隨機應變

和他人建立人際關係時，爲防止彼此之間的關係惡化，應與對方保持適當的距離，且以溫和的態度對待他。在這意義上，當談話或討論無法順利進行，幽默感實在是打破僵局的最佳利器。

尤其是和女性交談時，幽默感更是不可或缺。一個風趣的男子，會比道貌岸然的男子更能討女性的歡心。據說，被女性所喜歡的男性，往往也會受年輕男子的歡迎。

一個女孩在赴約時遲到了。如果你是她的男友，你會怎麼說？

她：「對不起。因爲路上塞車，所以……。」

他：「哦，沒關係。我剛才正好看完『約會成功法』這本書。書上寫著，女朋友遲到，正是考驗自己耐心的大好機會。」

當然，他並沒有看任何書，只是適當地製造話題，讓對方會心一笑而已。這樣一來，他的女友自然會覺得不好意思，並想辦法來賠罪。此時，如果擺出紳士的姿態來面對遲到的女友，其效果反而不如幽默的對白。對於具有幽默感，且能以溫和的方式適時指正別人的人，必定到處受到歡迎。

一般而言，中國人較欠缺幽默感。而歐美等國的人由於生活上的需要，必須與陌生人建立人際關係，因此個個都具有幽默感。如今的社會型態已不同於以往，對國人而言，幽默感正是結合人與人之間的生活智慧。

幽默感可透過訓練而產生。只要有心讓會談在愉快的氣氛中進行，任何事物都可拿來「藉題發揮」。

A：「喲！是什麼風把你吹來的？瞧你，居然還買起這麼好的皮鞋！」

B：「不得已啊！我怕會『露出馬腳』。」

要製造談話的機會，幽默感也是絕不可或缺的。貿然向他人搭訕，會使人覺得緊張與不安。如果有一天，你突然對一位女同事說：「A小姐，妳今天好漂亮哦！」由於突然聽你這麼說，對方必定會滿腹狐疑地認爲你「話中有話」。

那麼，你不妨改採以下的說法試試：

「A小姐，一看到妳，就想起我家院子裏的花。我覺得今天的花開得特別嬌豔。有人說，女性是『辦公室之花』，然而，像妳這麼能幹的花，實在並不多見。」

卽使是讚美別人，也要有幽默感。否則對方會感覺有心理負擔。最好的證明是，一般人都會認爲要讚美自己所深愛的人，是件很困難的事。與其讚美，不如訴說愛情的告白。如果對方對你也有同樣的熱情，而你却以極不幽默的口氣誇獎、讚美對方，只會讓對方覺得你是個不懂情調的人而已。

◈從遊戲中磨練會話技巧

「交際時的會話」，主要的目的是「說話」本身，至於談話的內容如何，則是次要的。雖然如此，彼此在交談時，總不能純粹是爲了「排遣時間」，最好是讓大家都有愉快的感覺。

當一個人熱衷於某種遊戲時，往往可找到生活的樂趣。會話遊戲也一樣。當然，這必須充分活用幽默感。

●課長「難得糊塗」的回答

經理將營業課長找去，狠狠地責罵一番：

「你的部屬眞是差勁透了，我不知道你是怎樣領導他們的！凡是我指示他們做的事，總是沒有結果，並且動不動就頂我一句：『我們課長……』難道你說的才算數嗎？我這個經理所說的話算什麼？好吧！既然如此，我決定今後的任何指示，一律以書面傳達。記得！以後發出傳票時，你也要領收據，聽到沒有？要領收據！」

營業課長爲了部屬的態度不當而挨罵，當然覺得滿腹委曲，於是，他等經理咆哮完後，立卽對經理說：

「是的，經理。只是，我不知道該貼上多少錢的印花？」

經理沒有想到他會問這種問題，以致於根本無法作答，他凝視課長一會兒，接著微微一笑說：「傻瓜，還好意思……」這場面逗得旁邊的人都哄堂大笑。

營業課長「難得糊塗」一下，立刻消除當場的緊張氣氛，同時，也化解了經理的憤怒。而經理和部屬之間所可能產生的不信任感，也一併煙消雲散。也就是說，經理所提出的要求，應可被全體員工接受。然而，這種作法是必須冒風險的。因爲，如果經理是個毫無幽默感的人，不僅事情無法獲得圓滿的解決，他甚至還會當場大發雷霆。因此，除非很了解對方的個性且有相當的默契，否則絕不可輕易使用此方法。

偶爾應用這種語言遊戲看看對方的反應，也是一種不錯的方法。眼見對方對自己的「幽默」不感覺厭惡，由這一點可以證明，自己在對方心目中仍然留有很好的印象，而且，對方也還信賴自己。

實行此方法的另一個優點是，當它獲得成功時，上司及部屬一定都會給予你極高的評價。對於部屬而言，善於應付經營層的主管，正是值得他們信賴與欽佩的人。

●猜謎的遊戲心理學

一個話題豐富的人，大家都會樂於接近他。但若只是滔滔不絕地炫耀自己的學識，即容易引起聽者的反感，認爲他是在「賣弄」學問。

因此，我們應採取令人深思的戰術。在心理學上，這稱爲「參與」。一般而言，人們大都較喜歡自己思考，不喜歡他人的滔滔不絕剝奪了自己思考的權利。

你不妨試試以下的方法：在每年的六、七月，正是畢業生踏出校門的時期，這時，公司中的員工大都會以新進人員作爲談論的話題。你可以趁此機會提出「新人類」的話題，問問大家對現在的年輕人有何看法。

在這個時候，你不可炫耀自己的知識、學問，應讓他們進行如下的猜謎遊戲。

「你們認爲二十幾歲的年輕人，會對公司有何期望？」

大家對這問題的回答，不外乎薪水、職位、工作的意義等。等他們都表示意見後，你再說：

「抱歉，全部答錯了。正確的答案應該是『等待指示』，因爲他們都是有名的『待命族』。」

當然，這只是說句幽默話而已。但藉著此說法，也可提醒衆人注意到年輕人具有「等待指示」的特徵。

接著，你要立即糾正剛才的說法：「不，剛才所說的，純粹是在開玩笑。正確的答案是……」然後，你要繼續問他們：「對這些被稱爲『待命族』的新進人員，我們應如何領導他們呢？」

「有位新進人員遲到了，他的上司認爲必須糾正他這種惡習，於是對他說：『去洗把臉再來？』結果，這位新進人員會怎麼做呢？」

「正確答案」當然是「回家洗了臉後再來」。

緊接著的問題是：「最後，他的上司對他說什麼？」

「正確答案」（？）是「現在清醒了嗎？」當然，這是虛構的玩笑話，目的在博得大家一笑。

◇享受智慧型遊戲樂趣的說話技巧

一般而言，中國人較不善於辯論。而歐美人大都認爲辯論是一種智慧型的遊戲。但卽使是遊戲，他們仍然抱持著認眞的態度。

雖然普通的會話不算是辯論，然而，爲了增加趣味性，不妨增添一些遊戲性。「辯論」是將一般的討論予以型式化。亦卽將一群人分成贊成與反對的兩隊，針對一個主題各自提出主張，並相互反駁對方，至於勝負則由評審裁決。這就是辯論比賽的型式。

●使談話成為智慧型遊戲

歐美人士在日常會話中，也經常會採取辯論的方式。在會議席上，他們往往會爭辯得面紅耳赤，但到了休息時間，只見雙方突然改變態度，甚至還彼此談笑風生。由此可見，對他們而言，爭論只是遊戲而已。

我們若想邁入國際化，必須學習討論和會談時的要訣。

所謂辯論，只是以合乎邏輯的方式得知一個問題的方法而已，如果硬要認定孰對孰錯，或太顧及自己的立場，辯論便無法順利進行。

這是一種道地的機智遊戲。

即使是日常會話，歐美人與國人的談話方式也有明顯的不同。下面以國人和最具邏輯性之德國人的會話方式爲例。

國人的情形大都是：

A：「哇，天氣好冷！」

B：「是啊！早晚都這麼冷。」

A：「根據氣象報導，今年的氣溫比往年低。」

B：「我想，大概是因爲有太多的國家都在進行核子試爆，所以影響了氣候。」

A：「這世界不知道會變成怎樣？」

B：「罷了，不管那麼多。只要多注意自己的健康就好了。」

相同的會話內容，透過德國人的交談方式，就會產生不同的結果。

A：「哇，天氣好冷！」

B：「我不覺得，不過，早晚除外。」

A：「根據氣象報導，今年的氣溫比往年低。」

B：「氣象報導不一定正確。但現在許多國家都在進行核子試爆，難怪會影響氣候。」

A：「核子試爆和氣候之間的關聯，尚未經過證實。不過，氣候和噴射機之排氣的關聯，倒是已經被證實了。」

B：「我們還是多注意自己的健康吧！反正，你又不能禁止噴射機飛行。」

當然，並不是每個德國人的日常會話，都是以此種方式進行。然而，他們追求眞理的精神是可以肯定的。

人情味濃的會話，無法成爲智慧型的遊戲，頂多只能成爲感性遊戲而已，因爲，它缺乏充滿智慧的趣味性。

●智慧型遊戲的三要素

這也就是「辯論的三要素」，容後詳述。我們應以「事實（證據）」和「論據（理論的根據）」來證明自己「主張（結論）」的正確性。

以此方式進行辯論時，毫無感情侵入的餘地。雙方都要運用邏輯觀念，據理力爭。由於這也算是一種邏輯性的遊戲，因此，卽使落敗也不會感情用事。

*爭論的具體進行法

例如：有個大家所爭論的主題是「年輕人毫無幹勁」。如果你要站在贊成的一方，便必須提出你的主張並證實「年輕人確實毫無幹勁」。

首先，你要收集事實（證據）。足以證明年輕人毫無幹勁的事實或許很多，然而，你必須明白地下定義：「何謂提得起幹勁與提不起幹勁？」如果這個基本的觀點和對方不同，根本不可能進行溝通。當然，爲避免讓對方抓到弱點，在下定義前，必須有充分牢不可破的根據。

至於事實（證據），可透過對年長者的問卷調查、面訪，以及對年輕人所作的意見調查等來蒐集。此外，已整理出研究結果的權威專家（學者等）的報告和意見，也具有極高的參考價值。

此後，以歸納法導引出結論就行了。這時未必需要「推論」，你可直接由事實獲得結論。如果事實是片斷性的，或只表示某種徵兆時，便必須採取「推論」的方式。因此，建立對方無法攻

擊的邏輯，是絕對有其必要的。

關於這一點，凡是看過偵探小說的，都可了解其要點。此外，在法庭上，辯護律師也需充分應用邏輯觀念進行辯論。

至於堅持主張與反駁的方式，在第三章後有所說明，因此在這裏不多作介紹。

爲了「更合乎邏輯的方式探求一個問題」，以便達成辯論的目的，必須要慣於冷靜地面對智慧型遊戲。這是迎接國際化時代的基本素養。

第三章　讓對方認同我方主張的說話技巧

◇黑說成白的方法

下面要介紹的，是攻擊對方話中的弱點，以及利用矛盾的會話技巧。當然，這是非常具有詭辯性的技巧，你不妨嘗試看看。

●逆來順受

業務員在從事推銷工作時，大都知道顧客會毫不留情面地反對自己的說法。但若正面反駁對方，又怕會引起對方的反感，以致完全被拒。

因此，當顧客已心動，只是還無法作決斷時，只要設法消除對方猶豫不決的心理，就可成立一筆交易。

下面以招攬保險的情況爲例。

客戶：「我現在沒有多餘的錢可投保。」

業務員：「我了解您的意思。可是，就因爲您目前沒有豐厚的收入，所以更需要投保。雖然準備保費對您而言是件吃力的事，但請您想想看，萬一發生意外，您的家人該怎麼辦呢？到時候，您的妻子必須獨立支撐下去，卽使有些儲蓄金，想必不久也會用光……。」

再舉個例子，這是推銷消費品的情形。

零售店業者：「我們有固定的補貨來源，不需要再向其他人購進商品。」

業務員：「您說得對，以您目前的情況來說，顯然不需要再增添其他的補貨來源。但是，您沒有考慮到一點，而這正是您必須嘗試其他新貨源的理由……。」

零售店業者：「哦？什麼理由？」

業務員：「您如果想接受更周到的補貨服務，最好是多增加些貨源，好讓他們彼此競爭。再說，萬一貨源中斷，如果有另一家熟知的交易對象，不是方便多了嗎？」

由於使用這種方法時，有爲對方設想的意思，因此阻力較小。在進行交易時，應避免採取強制性的推銷方式。這一點，對我們中國人而言尤其重要。無論對方是誰，只要你頂他一句或讓他下不了台，對方必定會產生反感。

只要具有幽默感，便不會陷入此僵局。你不妨參考一下以下這個例子。

某位幽默的教授曾發生這樣的趣談：

有一天，天氣非常寒冷，學生大都穿著大衣或厚夾克到學校上課。在課堂上，有位學生把雙手揷進大衣口袋中。因此，教授對他說：「上課時，應該端坐並作筆記才對！」但這位學生的回答却是：「事實上，我根本沒有手。」

這當然是天大的謊言。然而，如果教授當場責罵他「撒謊」，不僅場面會很僵，而且這麼做也顯得太沒有幽默感。

於是，敎授毫不在意地說：「哦！抱歉。不過，既然我能花費原本沒有的精力來上課，我也希望你能伸出原本沒有的手。」這位學生聽後，只好有些難爲情地伸出雙手。

在公司中也有同樣的情形。端看一個人如何處理這些場面，就可決定其價值，因此不可等閒視之。

有一天，一位主管聽到別單位的主管提出抗議說：「我們曾以書面知會你們，並等待答覆，想不到都已過了一個星期，仍然沒有消息。這究竟是怎麼回事？」

於是，這位主管聽後只好在檔案櫃找了一會兒，最後在檔案櫃底下發現一件公文。他撿起這件公文詢問對方：「是這件嗎？」臉上並顯出迷惑的表情。「不錯。這件事如果不先知會你們，我們根本無法推行業務。我不知道你們到底在做什麼！」

聽到對方一連串埋怨的話，這位主管平靜地說：「眞的這麼緊急嗎？只要是眞正重要的急件，我自會嚴格地督促部屬趕快辦好。總而言之，十分抱歉！」

這樣一來，對方也就不再深入追究了。在此情況下，對方所能攻擊的話唯有：「就是因爲你過於樂天派，所以才會誤事！」如果被擊中此一弱點，的確難以反駁。

●趁虛而入的詭辯技巧

當公司正處於忙碌的時期，要請假通常須有極大的勇氣。這時，你可以試試以下的歪理：

「我感冒了，不得不請假（事實上，可能是去約會）。感冒就請假，才是『眞正』有責任感的表現。如果明明感冒了，還硬要來上班，如此只會將感冒傳染給周圍的人，導致工作效率降低，別無其他好處。但因爲這些自認爲對公司忠心耿耿的人，希望在大家的心目中留下他『抱病上班』的印象，所以才勉爲其難地來上班。嚴格地說，他們來上班的目的，並不是爲公司著想，而是爲了自己。相反的，一染患感冒就毅然請假的人，是爲公司全體著想而犧牲自己。像這樣的人才是上班族的楷模，應該加以表揚才對。」

這種歪理或許會大受年輕人歡迎。但「衞道人士」可能就會有些反感。尤其是「自認爲忠心耿耿」的說法，等於是批評除了自己以外的同事，因此要說這話時，必須技巧一點。例如說成：

「謝謝你們讓我請假。抱歉，拖累了大家。我知道你們對我好，所以給我休息的機會，放心吧！我會在休養過後，將所有積壓下來的工作全部做完，不會麻煩各位。」

這種說法就中聽多了。根據此歪理，他想向衆人訴求的是，由「拖累了大家」這句客套話，引出「對大家都無害」的結果。並且，他讓大家都覺得自己面子十足。

在如前所述的歪理中，可看出他很技巧地使用「眞正」這句話。

此外，還有以下的說法。

A：「你不是說過，要妥善地處理這件事嗎？」

B：「不錯。我的確說過要妥善處理，但並沒有一口答應。我『眞正』的意思是，這是一件困難的工作，必須讓我多考慮、考慮。請你多包涵。」

除了「眞正」以外，其他也可使用「本質」「實際」等。

A：「這個問題應朝此方向解決。」

B：「很難說。因爲這樣一來，就無法掌握問題的『本質』。問題的本質應該是……。」

所謂問題的本質，是極端抽象的，因此，只要蒐集對自己有利的證據，並說明「這就是本質」即可。

A：「我認爲應該採取這項對策。」

B：「等一等。這項對策的根據和事實有些出入。『實際上』，應該是……。對於這方面的事，我很有經驗，聽我的絕對錯不了。」

此說法對於不了解「實際」情形的人，將會產生莫大的效果。「在理論上可以這麼說，不過，實際上却無法順利進行。」你若堅持這一點，只要對方沒多少經驗，其自信必定會開始動搖。

有個人被上司以「你有經驗」爲由，派去從事一件很困難的工作。於是，他反駁說：

「要我來做沒有關係，只怕效果會適得其反。對於這件工作，我的確比別人有經驗。可是，如果我是你的話，我一定會避免讓有經驗的人去做這件工作。因爲，針對這件工作而言，過去的經驗反而會成爲一種阻礙。我以過來人的身分這麼說，絕對錯不了。當然，關於這件工作，你也知道得不少，然而，你所了解的並不是工作的『本質』和『實際』的情形。這些只有我最了解。所以，最好還是派給其他的人去做吧！如果有必要的話，要我推薦人選也可以。」

在此不僅使用「本質」和「實際」，而且強調「眞正知道經驗反而會成爲障礙，除了過來人以外，別人不可能了解」，因此，對方根本無法反駁。對方所能作的抉擇，唯有冒著風險仍然派這位有經驗的人去做，或派其他人去從事這件工作而已。

●轉換說法的詭辯技巧

這是轉換說法的技巧方式。

A：「這工作應該由你的單位來做。在規定上寫得很明白。」

B：「的確是這樣規定的。但你如果了解實際狀況，你就應該知道，由我的單位來做這件工作，根本不可能順利進行。」

這是將規定轉換成實際狀況的說法，此隨機應變的方式，適合一般通用。

A：「可是，你曾經答應過要付諸實行的。再說，書面上也寫得很清楚，如今爲什麼又後悔呢？」

B：「我的確曾經答應過你，說不定還以書面記載下來。但當時的情況不能和現在相提並論。這項事實，你必須承認。規定歸規定，雖然我很想遵守，但恐怕爲了遵守規定，會給公司帶來損害。因此，如果我們針對現況，謀求最妥善的方案，對我們雙方不是都更加有利嗎？」

像這種應用邏輯的說法，與外國人周旋時並不適用，但對國人却很適宜。

●使用修辭的高級詭辯技巧

在莎士比亞的「朱力亞斯・凱撒」中，有個將黑說成白的典型例子。這是謀殺凱撒的布魯特斯，與安東尼的精彩辯論場面。

起初民衆聽了布魯特斯殺死凱撒的理由後，都非常贊同，且以歡呼聲對他表示支持。

布魯特斯是如此向民衆訴求的，他說：

凱撒有當皇帝的野心，並要使羅馬的共和制解體。爲了不讓共和制淪爲皇帝獨裁制，也爲了維護人民的自由，除了殺死凱撒以外別無他途。

布魯特斯很技巧地問衆人：

「你們希望凱撒一個人活，其他人全部做奴隸而死嗎（略）？在你們當中，有誰自甘卑賤願意當奴隸的？如果有，請告訴我，我已經得罪他了。你們有誰自居化外，不願做一個羅馬人？如果有，請告訴我，我已經得罪他了。有誰自處下流不愛自己的祖國？如果有，請告訴我，我已經得罪他了。我等待你們回答。」

布魯特斯的訴求充滿了詭辯。首先，他應用一種使人產生心理威脅的方式。他所問的問題原本已有極其當然的答案，因爲，任何人都會否認自己是「願意當奴隸的人」「不願做羅馬人的人」「不愛祖國的人」，而且，也不願被斷定爲「自甘卑賤」、「自居化外」和「自處下流」。也就是說，布魯特斯所問的問題，是以民衆必定會否認爲原則而發問的。

另一個詭辯的問題是：「你們希望凱撒一個人活，其他人全部做奴隸而死嗎？」這種邏輯顯然太離譜。即使凱撒當了皇帝，其他人也未必會做奴隸而死，這是毫無根據的說法，況且奴隸也不一定會死。但是，布魯特斯却很巧妙地將這些毫無根據的話假定爲事實。

於是，民衆被這「崇高的邏輯」所打動，並以熱烈的歡呼聲來支持他。

然而，安東尼却在這激動的場面中登台。對安東尼而言，要推翻民衆對布魯特斯的支持，這不是最惡劣的狀況嗎？

安東尼是這樣對民衆說的：

「在凱撒生前，他曾帶許多俘虜回羅馬，贖金全都充實了國庫。他這種行徑，看得出他有野心嗎？凱撒曾經爲貧窮者在飢餓而流淚，一個有野心的人，他的行爲不是應該更冷酷嗎？上一次，你們也都知道的，在盧柏克節那一天，我曾三次爲他獻上王冠，但凱撒全都拒絕了，難道這也是具有野心的表現嗎？然而，布魯特斯說凱撒是有野心的。而布魯特斯却是正人君子。」

接著，安東尼向民衆宣佈，他們都是凱撒遺囑中財產繼承人。然後他抬出凱撒渾身是傷的屍體，對著民衆高叫：

「各位朋友，我來這裏的目的，不是要竊取你們的心。布魯特斯是個能言善辯之士，關於這一點，我和他不同。相信任何人都看得出來，我只是個老老實實愛朋友的人。我既沒有學識，又沒有本領，更沒有口才。我說話的方式不僅拙劣，而且毫無說服力，無法使你們血液沸騰。我只是實話實說，以你們已經知道的事來提醒你們。我要在各位面前暴露心愛的凱撒的傷口，這是令人心痛的無言之口，我希望它能代替我向各位說話。如果我是布魯特斯，可能會使各位的心情激動起來，並且讓凱撒的每處傷口都長出舌頭，即使是羅馬的石頭也將大受感動，這樣一來必定會引起激動的漩渦。」

於是，民衆高叫：「對！大家叛亂吧！」「到布魯特斯家放火去！」當民衆跑開後，安東尼露出勝利的微笑。

安東尼爲什麼會獲勝呢？

首先，布魯特斯訴諸於衆人的，只是推論和推測，而不是事實，但安東尼却舉出民衆所知的事實加以「論證」。此外，安東尼還強調「而布魯特斯却是正人君子」，這句話更顯現出布魯特斯正義的假象。

安東尼將凱撒的屍體暴露於民衆面前，使衆人心中產生激動的波濤，接著，他再強調自己不像布魯特斯那樣能言善辯，因此給衆人留下「他所說的全是事實」的印象。

此外，他向民衆宣佈，他們都是凱撒遺囑中所指定的財產繼承人，這一點，更深深打動民衆的心。

事實比想像中的事更具說服力，舉出實際的例證也遠比單純的訴求更能打動人心。至於安東尼所說的是否爲「眞正的」事實並不重要。只要蒐集有利於自己的事實，而捨棄不利的事實，就能攻擊敵人的弱點。

在此要再附帶說明一點，那就是布魯特斯並沒有證明「凱撒想當皇帝」的事實，而只是一味地採取他的邏輯戰術。但安東尼却針對成爲布魯特斯之邏輯根據的這項弱點，乘虛而入並擊中其要害。

◇推翻對方說法的交涉技巧

如何推翻對方的說法並進而說服他呢？以下列舉幾個例子介紹其方法。

●二等分式的交涉技巧

所謂的二等分式，就是取兩者之正中央的方式，但蘇俄式的二等分式則略有不同。

例如：如果某國要以四十億元的價格，將整套工廠設備賣給蘇俄，這時，蘇俄方面的反應是：

①毫不留情面地責難：「那有這麼貴的價格！」

②於是，賣方便提議：「減少兩億元。」

③蘇俄方面仍然抱怨：「價格太貴！」並且暗示賣方，目前有許多廠商在和他們進行交涉，價格也都相當低廉，此外，還取出估價單故意在賣方面前晃一下，表示威脅。

④當賣方再減價一億元，蘇俄方面還是不停地抱怨。這時，賣方難免會顯現出不耐煩的神色，於是，蘇俄方面這才第一次表示自己的底價是二十七億元。與賣方所提議的價格相差十億元。

⑤爲了做成這筆交易，賣方最後的提議是採二等分方式，要蘇俄再加五億元，自己則減五億

元，亦卽定爲三十二億元。

⑥結果蘇俄方面堅持，如果要採二等分方式，應取雙方最後價格的中間數，亦卽賣方的三十二億元和蘇俄的二十七億元的一半，等於二十九億五千萬元。

這顯然是不公平的二等分法。但由於蘇俄在進行交涉的過程中，併用威脅、故弄玄虛和虛張聲勢（說其他廠商價格更低）等戰術，因而使賣方不得不接受其主張。

●以拖延戰術追擊

拖延戰術也是蘇俄所擅長的戰略。

他們利用不斷的責難和威脅，一味地拖延時間。他們若明知賣方有截限時間（Dead line），便會拖延到時限快到的時候。由於賣方往往必須到買方的國家來進行交涉，因此，如果買方一再拖延，截限時間就會與逗留期限相同。

負責到買方進行交涉的賣方負責人，若花費很多時間與脣舌，却仍然無法達成交易，那麼對他而言，必定是件難以忍受的事。因此，當他眼見時限逐漸逼近，也就喪失了正常的判斷力，在此情況下，極易產生「只要多少賺一點就好了」的想法。這是讓買方有機可乘的弱點。

這種戰術也可使用於購物時。要讓賣方將售價降到最低的要訣，就是使對方感到焦急。

因此，你應向賣方提出一些問題要他說明，而且，也要陸續提出要求。例如：「能不能再便宜一些？」「這種類型的產品，性能會不會比其他廠牌的產品差？」「會不會過於耗電？」「容易損壞嗎？」

等賣方針對你的問題一一解說後，你只要說：「看來不錯，讓我再考慮一下。」然後就離開。

接著，你要選在月底店鋪即將結帳的某天中午出現，並告訴售貨員：「我是利用中午休息時間跑來的，時間不多，如果你肯減價到×元，我現在就買。否則，我明天就要出差去了。」

售貨員心想，你曾讓他花費不少心思，如果這筆交易做不成，豈不是白費心機？因此，大都會下定決心減價。

使對方投入許多的精力和時間，直到焦急不堪的程度，這時，對方會較易接受我方的主張。

此外在情場上，拖延戰術也是不可或缺的。

●使對方接受我方的歪理

以下所要介紹的，也是與蘇俄式二等分法相同的方法。那就是，以強制性的方法使對方接受自己的理論。

如果對方無知，就難免會上當。

例如，你向對方說：「這是常識，你怎麼不懂呢？」

如此一來，一些內向型的人便會對你言聽計從。

應付這樣的人，採取虛張聲勢和故弄玄虛的方式也有效。

在我們日常生活中，經常會碰到這種情形。例如：

老職員往往會對新進人員說：「這也難怪，因爲你還不了解實際狀況，但我要告訴你，這是常識！」如此，新進人員大都連氣都不敢吭一聲。

●使對方心理動搖的戰術

先威脅對方，接著再改用溫和的口氣說話，這樣，人們通常會由戰備狀態而鬆懈下來，最後導致被任意操縱的結果。

相反的，當事情進行得很順利時，如果突然聽到對方說出強硬的論調，心理上便會倍受衝擊。這時，對方若趁機提出解決方案，難免會不顧一切地接受。要應用這種使對方心理動搖的戰術時，一推一拉的訣竅是最重要的。

●偽裝撤退的戰術

當彼此的意見是相互對立，問題毫無解決的希望時，應突然大聲地說：「這樣的會談再持續下去，只是浪費時間罷了。必須立刻中止！」然後憤而離席。但別忘了向對方說：「這次交涉破裂，你要負責任！」

這種戰術若與如前所述令對方焦急的戰術併用，就會更加有效。因爲，對方認爲直至目前爲止，已花費不少心思，如今截限時間將屆，仍然無法產生結果，因此大都會有不得不退讓的心理。

這也是一種故弄玄虛的戰術，但在日常會話中，最好避免使用。對於一個行事中規中矩的人而言，若對他採取此戰術將會更具效果。因爲，當他聽到對方斷言：「你要負全責！」通常都會感到膽怯，不知所措。

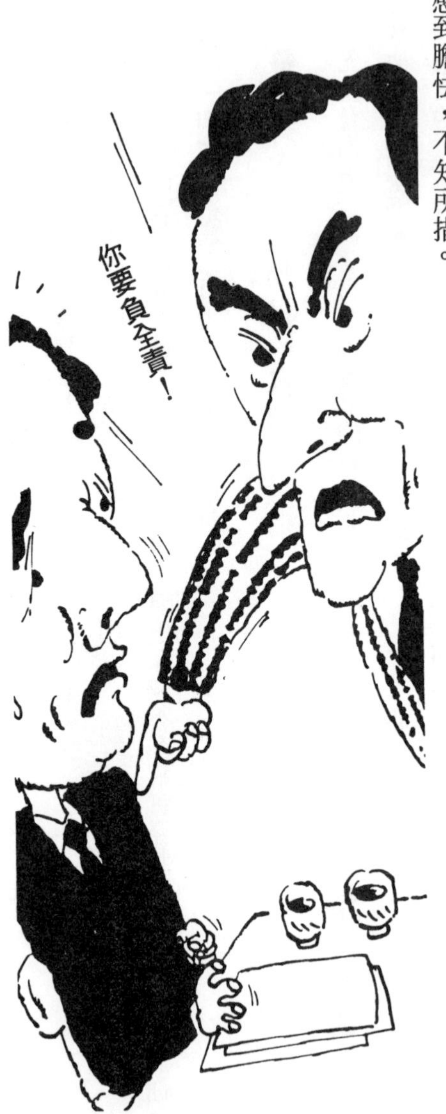

◈打倒對方的攻擊用語

要使用此用語時，最具代表性的方法就是攻擊對方的論據，使它崩潰。你要先分析對方的論據並告訴他：「這種解釋是錯誤的。」接著再說明自己的論據如何正確卽可。不過，必須特別注意的是，不可徹底地擊垮對方。應讓對方在自知理虧的情況下，接受你的意見。

●辯論時應條理分明

進行辯論時，最重要的關鍵便是條理分明。在孫子兵法中，最廣爲人知的一句話就是：「知彼知己，百戰百勝。」

無論對方以何種邏輯進攻，只要能找出其弱點，並有條理地攻向其要害就行了。

辯論有所謂的構成三要素。

例如，要條理分明地說服對方時，必須如下進行：

「前些日子生產了一些不良產品。經過調查後發現，其原因是使用不良的材料所致。因此，必須立卽改善材料檢查方法。」

這是根據最簡單之因果關係的邏輯。在此毫無推論的餘地。此外，另一種情況是：

「昨天下午三點，你不在辦公室。由於你有不在場的證明，因此，從辦公室的保險櫃偷錢的人不是你。」

這種說法含有推論的成分在內。

事實＝下午三點，你在棒球場（遭竊的時間是下午三點）。

論據＝一個人不可能在同一時間分別出現在兩個地方。

結論＝你不是竊盜嫌犯。

為了使結論成立，必須有條理地說明事實（證據），使任何人都能有所了解。而且，由此事實所引出結論的論據，必須使任何人在稍加思考後，都覺得它極其當然。

為了打倒對方，有時可使這三要素中的任一要素變成無效即可。如前所述之「朱力亞斯・凱撒」的劇情，安東尼曾使布魯特斯所說的「凱撒想當皇帝」的事實變成無效。

●根據事實攻擊的方法

當對方舉不出有力的事實（證據）時，就應像安東尼一般，說出令人難以否定的事實。諸如：

▼對方已經知道的事實。

▼目前的事實或印象。

▼對方所信賴之人曾說的事情。

▼有科學根據的事情。

大部分的人都會爲自己的作爲辯護。因此，當你對一個說話滔滔不絕的人說：「你和別人說話時，總是自顧自地說個不停，不肯給別人說話的機會。」這時，對方大都會反駁說：「那有這種事？我一向都很仔細地聽別人講話。」

在此情況下，最好是將這人和別人談話的情形錄影下來，接著再找個適當的機會讓他看看這段錄影。如此一來，他就無法再爲自己辯解，因爲自己不肯聽別人說話的「事實」，已呈現在眼前，這是不容否認的。

當對方在進行攻擊時，可用此方法反擊對方。首先，要向對方施以下馬威，接著再作攻擊。攻擊的方法如下：

▼此一事實有無科學上的客觀證明？是否只是道聽塗說或人們的謠傳而已？

▼此一事實是否由這方面的專家所提出的？負責蒐集資料的人是否值得信賴？

▼此一事實的調查方法、調查期間、投資金額，以及資料的質與量是否適當？

▼此一事實是否失之偏頗？所蒐集的資料數目是否充分？

▼此一事實的分析是否適切？其分析方法有無產生偏差？而且，這種分析方法值得信賴嗎？

總而言之，只要能斷定對方所提的事實不值得信賴就行了。

A：「最近的年輕人做事總是不夠積極。」

B：「何以見得？」

A：「凡事都要我們指示他們去做，否則就不知要做什麼事。他們不肯自己動腦筋。眞累人！」

B：「可是，只要指示他們去做，他們就會採取行動。」

A：「不錯。當他們採取行動時，態度還算認眞。由這一點看來，他們好像還有些責任感。」

B：「是啊！這怎麼能說是工作不夠積極呢？」

A：「但是不指示他們去做，他們就不動啊。」

B：「我曾經問過一些年輕人。他們說，上司的工作就是指示部屬採取行動。如果上司不肯指示部屬，但却又埋怨部屬不做事，這是上司逃避責任的作法。」

A：「誰逃避責任？他們才逃避責任呢！自己不熱衷於工作，竟然還說風涼話！」

B：「他們說，做好上司所指示的工作有何不對？他們已盡責了。」

A：「這些人眞令我頭疼。」

B：「你說年輕人做事不夠積極，可是，每一件指示他們去做的工作，他們都完成了。所以我想，你對『積極』所下的定義可能有些錯誤。」

A：「不管怎麼說，這些人總是令我頭疼。」

B：「你只說令你頭疼，但事實上，這種人會愈來愈多，除非你改變作風，否則事態絕不會改善。你一味地批評他們做事不積極，這樣只會引起他們的反感而已。況且，你對積極所下的定義和他們不同，因此，你們根本無法溝通。」

A：「那麼，應該怎麼辦呢？」

B：「你最好別再提起積極這兩個字，必須具體地指示他們採取你認爲『積極』的行動。」

A：「譬如說？」

B：「當你指示他們做事時，你可以說：『我希望大家完成我所指示的工作，至於我沒有指示你們去做的，如果你們有任何好的構想或意見，可以隨時提出建議，以便付諸實行。』這樣不就得了？」

在以上的談話中，A所謂的「工作不夠積極」，只是由年輕人行動中的一部分找出根據（事實）。因此，B就針對這點而主張「這樣未必能說他們工作不夠積極」。

除了B所說的事實以外，熱衷於工作的現代青年比比皆是。因此，你必須證明，A爲「幹勁」所下的定義，已不合乎時代潮流。

採取這種攻擊法的例子非常多。

小孩A：「大人很狡猾。」

小孩B：「爲什麼？」

小孩A：「因爲當我們排隊上車時，大人總喜歡插隊。」

小孩B：「這麼說，你爸媽也經常這樣做囉？」

小孩A：「不，不會。我爸爸常告訴我，插隊是不守規矩的行爲。」

小孩B：「你剛才不是說大人很狡猾嗎？這麼說，你爸媽不算大人囉？」

B所說的話，正好擊中A的要害，A將某些大人的行爲，錯誤地泛指爲所有大人的行爲，B因而針對這點加以攻擊。也就是說，事實是「某些特定的大人」，而不是「所有的大人」，因此，只要攻擊此一要點，對方的論據便立卽崩潰。

只要由對方的話中找出漏洞，並加以攻擊，對方必定會驚慌失措。尤其當對方只是順口說出這句話時，所受的衝擊將會更大。

妻子：「老公，我們何不買一輛車呢？我的朋友個個都有車。」

丈夫：「可是，每一家的經濟情況不一樣啊！」

妻子：「我朋友的先生還不是跟你一樣，都是上班族！」

丈夫：「妳說的朋友到底是指誰？」

妻子：「就是美華嘛！」

丈夫：「妳剛才不是說個個都有車嗎？那麼，除了美華以外，還有誰？」

妻子：「這……這不重要。」

原來妻子所說的「朋友個個都……」只是指某個人而已。此外，「都是上班族」這句話嚴格說起來，也是可被攻擊的要害。

只要丈夫舉出與妻子作爲前提（證據）之事實不同的事實，妻子的主張便會崩潰。

接著再舉一個常發生於公司中的例子。

A：「你那一部門的出勤率很低，是不是管理無方所造成的？」

B：「我那一部門的出勤率確實比全公司的平均出勤率低〇・五％。但我不認爲這和管理無方有關。」

A：「你還狡辯！出勤率低就是最好的證明。」

B：「事實上，經過分析後發現，出勤率低的月份只有一月和六月，至於其他月份，我那一部門的出勤率，都高過全公司的平均出勤率。」

A：「哦？那又如何？」

B：「經過調查，我那一部門經常請假的人，都是幾位特定的女職員。原因我已經知道了。因爲她們目前還在唸夜大，而一月和六月正是學校舉行期末考的時間，所以她們不得不請假準備考試。」

A：「無論如何，你管理無方是無法推諉的責任。」

B：「女職員唸夜大，是公司許可的事。」

A：「問題是，這多少會影響到她們的工作績效。」

B：「關於這一點，只要參考其他的資料，我們就可以明瞭，結論是完全不會影響到她們的工作績效。她們爲了做好由於請假而累積下來的工作，因此表現得比平常更努力，況且，其他同事也會協助她們，所以……。」

A：「……。」

這就是以事實獲勝的明證。

●使對方論據崩潰的方法

論據就是理論的根據，也是解釋事實時的依據。如果論據本身就是錯誤的，其主張很快便會崩潰。但在這世上，誤以爲自己的論據在任何情況下都能通用的人却非常多。你只要攻向對方的此一要害，對方除了投降以外，別無他途。

如前所述有關出勤率低的談話，B若能針對這一點作攻擊，A的主張很快就會瓦解。

A：「出勤率太低，就是管理無方的最好證明。」

B：「你的意思我了解，但對於我那部門而言，雖然出勤率略低，但工作績效絲毫沒有降低。」

A：「如果管理得當，工作績效將會更理想。」

B：「我那一部門的工作績效，在全公司的平均水準以上。由資料上看來，許多部門的出勤率雖然比我那部門高，但工作績效却較差。由此可知出勤率和工作績效之間，未必有所關聯。」

A：「不管怎麼說，出勤率低總是令人困擾……。」

在以上的辯論中，A顯然是輸了。他的論據是：「出勤率低的部門，工作績效較差。理由是管理無方。」但此論據被B搗毀殆盡。

不過，一般而言，部屬以此方法對上司說話並不適宜。身爲部屬者，必須以較溫和的方式讓上司了解自己的苦衷，並給上司留些顏面。在此，如何說法也是一門學問。

下面所擧的例子，是否定對方價值觀的情形，只要以所謂的原則論進攻，就可給予對方決定性的傷害。

A：「將女性與男性一視同仁，根本是錯誤的作法。」

B：「怎麼說？」

A：「女性通常在短時期的工作後就辭職不幹，而且又不適合從事粗重的工作。她們只想享受權利却不履行義務！簡直是太驕矜了。」

B：「難道你不尊重女性的人權嗎？」

A：「不。我只是根據現實的狀況，認定你的主張難以達成。」

」

B：「或許你說的全是事實，但本公司向來重視男女平等，因此，對女性不可有差別待遇。」

A：「我沒有輕視她們的意思。然而事實上，公司實際的狀況的確如此。」

B：「你提起公司的實際狀況，這就讓我更加無法了解了。現在的問題是，你要如何來對待女性？我覺得你對女性的看法似乎始終未曾改變。你這種觀念必須要修正。」

A：「……」

在這兩人的談話中，A是個「心聲論」者，其論據是「若不依據現實來考慮對待女性的態度，難免會產生不合理的現象」，但B却以「應平等對待女性」的「原則論」反駁對方的論據。

一般而言，「原則論」大都會獲勝。因爲，原則是由社會公開認定的，此論據誰也不能否定。這時，堅持「心聲論」者，難免會給人留下態度消極的印象。

在一般的情況下，要攻擊對方的論據時，可攻向下列各點：

▼事實解釋錯誤。

▼此事實還有其他的解釋。

▼事實被擴大解釋。

我們不妨將論據作爲解釋來由時的前提。如果此前提被否定，解釋就無法成立。

在前提方面分別是：

▼普遍性的眞理或定理。任何人都不可懷疑的常識。

▼普遍性的價値標準或信念。

前者是以事實爲前提，後者則是以價値爲前提。攻擊方法當然是要證明「普遍性」和「任何人都不可懷疑」的部分，但事實上，並非如此就行了。

相反的，防衞方法只要證明自己的論據是「普遍性的」，而且是屬於「常識」，這樣就夠了。至於價値標準，必須以任何人都不可否定的「應有論」作結論，如此對方便無法正面反駁。

其次，也有人使用「斷定語言」作結論。這種作結論的方式，是利用語言具有感情面的作用。

像這一類的例子，有「窩囊廢」「要爲公司着想」「必須像是本公司的員工」「金錢不是萬能」等。

這些話若按照以下的方法使用，就能產生極大的效果。

A：「雖然公司必須創造利潤，但我不贊成忽視員工福利的經營方式。」

B：「我了解你的意思。但你別忘了，在公司中，員工只不過是多種經營資源之一而已。」

A：「你這純粹是資本家的想法。」

B：「你才滿腦子窩囊廢的想法呢！我沒想到你竟然這麼差勁！」

舞台改變了。

A：「像這種風險性高的工作，大家避之猶恐不及。」

B：「其實多少冒些風險也是不得已的。如果不肯這麼做，我們憑什麼和別人競爭呢？因此，除非我們搶先去做，否則就毫無意義了。」

A：「即使必須冒風險，至少也要慎重些才對啊！」

B：「你這種想法，根本不爲公司着想！簡直不像本公司的員工！」

場面又改變了。

A：「工作量這麼重，却領取少得可憐的薪水，根本不划算嘛！」

B：「你是本公司的員工，不錯吧！既然如此，你就應該知道這項工作對公司有多重要。」

A：「話說得不錯，但畢竟所冒的風險太大……」

B：「我看，你主要是想要錢。你一天到晚都在談錢、錢、錢！錢又不是萬能的，只有做有意義的工作才重要。」

對上班族而言，當對方提到「要爲公司着想」時，你愈反駁，愈讓對方懷疑你對公司的忠誠。然而，凡是高聲標榜「爲公司着想」的人，大都會採取爲自己的利益而設想的行動，只是冠冕堂皇的話，可成爲隱藏其野心的藉口罷了。

此外，在中國人的觀念中，總認爲太過重視「錢」是很俗氣的行爲。因此，若被對方斷定爲「嗜錢如命」時，大都不願再繞著此話題打轉。

像這一類的斷定語非常多。例如，當公司業績不振時，如果有人主張：「爲培養工作的活力，應該多增加些假期。」這時，你只要堅決地說：「你難道不了解公司的現況嗎？沒有公司，你還想休什麼假？」如此一來，對方大都會無言以對。此外，像「那違反董事長的方針！」和「那違反本公司的作風！」等，都具有效果。

●直接攻向主張（結論）的方法

這是以和對方完全不同的事實和論據，引出否定性結論的方法。

此時的要點如下：

▼強調結論與對方不同（對立）時的優點。

▼以對方沒有採用的論點爲論點。亦即以對方所忽略的論點進行攻擊。

像如前所述之「朱力亞斯・凱撒」，安東尼對布魯特斯的反駁就是採取此方式。安東尼將布魯特斯所說「凱撒想當皇帝」的主張，以新的事實加以辯駁，並根據衆人所能接受的常識性論據推翻其說法。

布魯特斯致命性的錯誤，就是未以牢不可破的邏輯證明「凱撒想當皇帝」的主張。

下面舉出在日常會話中常見的例子。

這是在開發部門經常可聽到的談話。

新產品的開發速度很慢，行銷第一線的求償或埋怨事件不斷發生。

A：「我們已經盡全力在工作。要我們做更多的事，根本是不可能的事。」

B：「我了解。可是長此下來，我們的市場佔有率會不斷地被其他公司剝奪。」

A：「但以目前的情況來看，由於我們沒有時間學習新技術，因此每下愈況，簡直毫無反擊的能力。」

B：「總而言之，我們總得想辦法突破僵局、脫離現況。」

A：「你的意思是要我們去做所有的雜事？既然公司方面有這種想法，那還談什麼新產品的

開發？」

由這段談話中，我們可以看出B是個經營管理者。而A明知對方想說的話，卻仍然設法反駁他。這時，B所要爭的論點是「技術人員的工作方式毫無效率」。相反的，A卻故意避開此論點，而提起別的論點。也就是說，他認爲「公司（經營層）對技術人員的想法不對」。

如此反駁，或許不足以解決眼前眞正的問題——新產品開發的加速化。然而，這也算是抗議經營層對技術人員單方面要求的一種方式。

只是，對方也不可能就此輕易地退讓。因此，必須預料他下個箭頭指向何處。

B：「的確，這問題也很重要。但現在可比喻爲戰時的狀態。其他的一切姑且不談，無論如何，及早推出新產品才是當急要務。」

這時，A除了採取「黑說成白的方法」以外，別無他途。

於是，A可以下面的話作答。

A：「就因爲是處於戰時的緊急狀態，因此必須改變公司的作風。如果企業戰士喪失了鬥志，就不可能在這場戰爭中獲勝。不管怎麼說，提高員工的士氣不是最重要的嗎？」

◈起死回生並突破僵局的說話技巧

以下介紹在給對方逼急了的時候，可使用諺語和藉口等突破僵局的具體方法。

●叫停

當你受到猛烈的攻擊時，絕不可輕易地屈服。眼見對方攻勢凌厲地襲來，無論如何，你都要設法叫停，否則就無法挽回頹勢。

即使給對方逼急了，使你幾乎無法反駁時，你也不必着急，只要態度從容地反覆說：「胡說！」如此就行了。這是應用沉默的戰術。結果，對方便無法繼續展開攻勢。不久，對方便會對此情況感到厭煩，因此只好無奈地說：「討論下一個項目吧！」

當你被逼得走投無路時，最重要的是不可慌張。而且，還必須靜靜地等待。如果魯莽地採取行動，只會使自己敗得更慘而已。

●使用俗諺

使用俗諺也是一種可起死回生的說話技巧。俗諺可使人產生「那是一種眞理」的錯覺。而任何人都不得不屈服於眞理之下。

當對方急著要你作決斷時，你可以說：

「俗語說得好：『欲速則不達。』在這緊要關頭，我們應先穩住陣脚，以便從長計議。」

當對方以豐富的知識攻擊你的無知時，你便說：

「俗話說：『知而不行，猶如不知。』我們應該重視這一點。」

當你被迫陷入無法反駁對方對方主張的情況時，就說：

「別忘了『狗急跳牆』。或許你的主張是對的，但問題是能否獲得衆人的協助？」這是一種具有威脅性的說法。

你必須設法先攪亂對方的陣容，接著再重新穩住自己的陣脚。

這是減弱對方攻勢的方法。

●找藉口

找藉口也是個好辦法。這時的要訣是必須故弄玄虛。你要有背水一戰的決心。

「你的意思我完全了解。但你何必這樣嚴厲地指責，以致傷了彼此的和氣？再說，你那方面也不見得完全沒有問題。你這種逼人太甚的態度，實在令人難以接受。」

「或許你說的是對的，但你要知道，道理在這世上不一定通行無阻。如果你硬是要固執己見，原本該成功的事也會失敗。」

你必須在話題以外尋找藉口，以便向對方反咬一口。因爲在此之前，你是處於挨打地位。

●不厭其煩地發問

要攪亂對方的陣脚，不斷地發問是很有效的方法。

「你剛才說：『有檢討的必要。』這是什麼意思？」

「你剛才說：『要建立全體參與的體制。』所謂全體是指那些人？而且，要以什麼方式參與呢？」

如此持續不斷地發問，對方早晚會露出破綻。因此，你應鍥而不舍地與對方纏鬥下去，直到對方不耐煩地脫口說出：「這種芝麻小事無關緊要！」這時，你就有機可乘了。你可反駁對方說：

「你怎麼可以說是芝麻小事？只要我還有疑問，你就必須說明，否則我怎麼可能完全了解？」

採取此方法時，有以下兩個要點。

＊很明顯的事也要反覆地問

這樣一來，對方必會感到厭煩，因而產生不想再和你纏鬥下去的想法。這是一種聲東擊西的作戰方式。爲了移轉對方的注意力，以免他再注意我方的弱點，最好對他說些毫不相干的事。

其次，此發問方式也具有使對方的話喪失條理的效果。當對方聲色俱厲地加以論證時，應找出其最主要的關鍵部分，然後反覆問些極明顯的事。例如：

「我想再確認一下……」「你只要想到……」（故意說些風馬牛不相及的事。最後對方將不得不對所說的話作某些修正，這就是我方的目的。）

＊要對方爲語意不清的字句下定義

這個例子在前面曾經說過。較具效果的作法，是要求對方爲語意不清的字句下定義，諸如：「作建設性的處理」「調整」「檢討」「促進」「跟隨」「妥善處理」等。如果對方有弱點存在，其攻勢便不會再那麼凌厲了。

●多使用「比如說」

這也是掙脫出困境的有效方法。卽使對方有條有理地高談濶論，有時只要以下列的方式發問，對方就會立刻崩潰。例如：「比如說，有什麼例子嗎？」「比如說，適合什麼情況？」「比如說，在你的工作上有什麼實例？」「比如說，你能想出適用的方法嗎？」等等。

卽使對方的話非常有道理，而且在邏輯上也顯得有條不紊，但若他無法回答「比如說……？」的問題，難免會覺得不知所措。

下面舉一個我們常見的例子。

A：「說話時增添些幽默感，可使會話更生動、活潑。但幽默如果沒有掌握住TPO（時間、地點、情況），就無法產生預期的效果。」

B：「我知道了。可是，你能不能告訴我，應該如何掌握TPO？比如說，在什麼時候、什麼地點，以及什麼情況下，才可以說較爲幽默的話？」

A：「哦，一般來說……。」

當你要求對方「舉出例子」時，可立即回答得出來的人並不多。這時，對方顯然已處於劣勢，因此，你要緊跟著這麼說。

B：「你說的我完全了解，不過，如果不知道具體的使用法，就等於是紙上談兵，毫無意義可言。」

●說些嘲諷的話

要攪亂對方的陣脚，最好是攻向對方的弱點。但若直接攻擊其弱點，有時會遭受猛烈的反擊，最後甚至被逼得走投無路。因此，如果你採取說些嘲諷的話攻擊方式，有時可給予對方極大的心理衝擊。尤其是自視甚高或有些自卑感的人，聽到對方的冷嘲熱諷，心理上所受到的衝擊將會更大。

當對方向你緊逼而來時，你應說：「你大概是對我恨之入骨，所以才會咄咄逼人，總是讓我走投無路！」

對方若向你追問：

「你不知道……這項事實嗎？」

如果你直率地回答：「知道。」就等於是甘居下風。因此，你必須這麼說：

「如果我說不知道，你也不會相信。因爲，凡是你所知道的事，我絕不可能不知道。」（我所知道的事比你更多！）

如果對方是個自尊心特強的人，在此情況下，大都會產生退縮的心理。

◇正顏厲色的戰術

這是使對方接受你超邏輯說法的會話技巧。當你無法以道理取勝時，只好採取此方式。

●故意激怒對方

故意激怒對方，並觀察他激動的程度。一個人缺乏自信的程度必定和其激動程度成正比。因此，你激怒他的目的，便是要掌握其弱點。

此外，對中國人而言，總覺得在大庭廣衆之下說出情緒話，是「稚氣」、「有些可恥」、「缺乏度量」的作風。於是，當對方脫口說出情緒話以後，很快便會覺得後悔，這樣你就有機可乘了。

我們應該如下進行。

A：「你所提的方案的確很有道理，但我實在難以相信，你能順利地實行它。」

B：「什麼話？如果事情無法順利進行，當然有種種因素存在，不只是我的責任而已。」

A：「要找藉口，任何人都會。」

B：「這怎麼能算藉口！你簡直莫名其妙！」

等對方的情緒稍穩定後，再繼續說下列的話。

A：「或許我說的話稍嫌過份。但我們何不商量一下，為了確實地實行這項方案，你也採納我這項建議好嗎？」

最後，對方很可能會稍作退讓。

●將責任推給對方

這必須應用蘇俄式的威脅法。當你自認為再繼續反駁下去，也不可能取勝時，不妨這麼說：

「好，我知道了。我承認你的意見不錯。可是，這件事的後果如何，你要完全負責。」

如果這是必須冒些風險的事，對方很可能會請求你協助他。這時，你只要設法逼他退讓就行了。

在日常會話中，也經常用得到此戰術。

「既然你這麼說，我只好一概不管了。」

「既然你充滿自信，我們只好全部退出，讓你一個人來做。」

第四章　不被駁倒的說話技巧

◎不被駁倒的防衛技術

當你的話中出現破綻，便很容易被對方駁倒。因此，進行談話時，最重要的是必須不露破綻，不讓對方有可乘之機。

找出對方易於被駁倒的弱點，這對進攻的一方而言，是非常重要的事。

根據合乎邏輯的談話推進法來說，進行談話的關鍵，就是要牢牢地鞏固「事實（證據）」、「論據（理論的根據）」和「主張（結論）」這三點。以下再整理一次。

●鞏固辯論的三要素

如果被對方抓到「你所說的事實並不可靠」的弱點，你的主張就會完全崩潰。因此，你必須有周全的準備，使對方無論自那個角度攻來，都找不出破綻。

最可怕的是，你誤將事實的一部分當作全盤的情況。秉持經驗主義的人，最容易陷入此陷阱中。這種人最常說的一句話是：「根據我們的經驗……」當他被對方擊中要害說：「你所謂的事實，只是你所經驗過的部分而已。」其主張很快就會瓦解。

問題是，依據歸納法，要提出「由這些事實加以推論而作歸納」的主張時，必須有多少事實呢？

作歸納時的推論，常有「由這項事實可說……」的限定。因此，你所提的主張，也應限定爲：「僅限於這項事實所表示的……」。

其次，談到「論據」的防衛策略。

所謂「論據」，就是當你要主張「這些事實意味著……」時的「證據」。

例如：「當你想根據「遲到者太多」、「請假的人太多」、「所犯的過失太多」和「客戶的抱怨太多」等事實，而主張「此部門的業績太差」時，就必須有「士氣不高昂的部門導致業績不佳」的論據（「士氣」應及早下定義。也就是說，在舉出如前所述的事實時，就應使大家認爲這是士氣不佳所致。）

這種論據是否正確，還必須作科學上的調查研究才能證明。不過，只要此論據被一般人接受，而且當時在場的人也都認同，如此就行了。

否則，會被反駁說：「根據這麼不可靠的論據，怎麼可以隨便提出主張呢？」

要防衛「論據」是件很困難的事。如果能證明科學上的因果關係那還好，但像價值觀或信念等，根本就無法證明。

例如，類似以下的情形。

A：「最近的年輕人眞不像話！」

B：「爲什麼？」

A：「他們將工作當成遊戲。甚至還說，必須要快樂地工作才行，但工作本來就是既辛苦又嚴肅的。」

B：「話是不錯，但每個人都希望快樂地過日子啊！」

A：「抱持著遊戲般的態度去工作，怪不得會毫無效率可言。」

在前面這段會話中，A的論據是「不應以遊戲般的態度面對工作」。

像這樣的論據是否正確，還有待商榷。當然，此論據總能加以論證，但對方同樣也可提出其他的論據加以論證。

因此，類似這種主題最好不要提到，如果一定得提及，至少應限定所主張的範圍。

例如改說：「最近的年輕人難以指使。」並要以「不應逃避辛苦的工作」爲論據。一般而言，如此的論據極難否定。

最後，要想出一個自己的「主張（結論）」不被否定的防衛策略。因爲，對方很可能會根據與你完全不同的事實和論據，試著去否定你的主張。

當然，採取防衛措施是件極端困難的事。不僅要先預測對方所可能提出的主張，也要多方刺探對方的虛實，最後再擬出對抗對方的策略。

因此，你必須提出其他的論點。你要先站在否定的立場，思考否定時所可能提的主張，接著再想出條理略勝一籌的主張。其目的是在找出可應付對方反駁的對抗策略。

站在否定的立場上，更能看清自己的弱點。

●重新檢討話中的條理與邏輯

現在，要再度檢討話中的條理有無矛盾之處。檢討時的要點如下：

▼有無朝向主張（結論）秉持一貫的邏輯？在我們說話時，難免偶爾會脫離邏輯的正軌，因此，我們務必先檢討這一點。否則，對方一定會藉故反駁說：「這和你的主張無關。」或「搞不懂你到底想說什麼！」由此可知，簡單扼要是最重要的。

▼是否語意不明？語意不明的部分，最容易受到攻擊。比如說，你提出「今年的新進人員毫無幹勁」的意見，如果對方有意找碴，便會問你：「你所謂的新進人員究竟是指那些人？是大專畢業的還是高中畢業的？是男是女呢？」他甚至還會追問：「根據調查資料顯示，女性員工幹勁十足，你認爲呢？」

即使你能勉強作答，對方也會很快地問：「什麼是幹勁呢？」這時，由於對方已認定傳統的「幹勁」和現在的「幹勁」，定義有所不同的事實，因此，即使你爲幹勁下「自動自發地做事」和「沒有接到指示也會協助他人」等定義，對方仍然會追問：「難道『有責任感』、『遵守規定』、『熱衷於自己所喜歡的工作』，這些都不算是幹勁嗎？」

因此，最好是避免說些語意不明的話。尤其是和年輕人說話時，若提出語意不明的論據，不僅無法溝通，甚至還會惹他們群起圍攻。

▼歸納性推論與演繹性推論的查核。歸納法是觀察許多事實，經過比較、綜合，再找出其中之共通性的方法，它有時會成爲原理或法則，有時則成爲思考事情時的前提（依據）。

相反的，演繹性的方法，則要由少數的原理（「公理」或「假定」），引出更多的「定理」或「演繹性的結論」，說明事物的方法。

由於在日常生活中或商場上較重視實用性，因此大都使用歸納法。而且，在實際生活中，也

少有像自然科學或數學般既明確又經過證明的原理（「公理」、「假設」或「法則」）。

然而，當我們使用歸納法時，必須特別小心，避免露出可讓對方攻擊的破綻。尤其必須注意的是，所謂的「許多事實」，件數應足夠才行，並且要讓對方了解這一點。

我們常由「許多年輕人在公車上不肯讓座」，和「許多新進人員在公司中不向上司打招呼」的事實，歸納出「最近的年輕人沒有禮貌」的結論。

這時，所謂的「許多」，不知多到何種程度。若能透過統計上的處理而加以證實當然是最好，否則僅靠觀察難免會有所偏差。

此外，「沒有禮貌」的定義也不明確。就因爲定義不明確，因此無法作統計上的處理。

作演繹性的推論時，一不小心也會被對方擊中弱點。演繹性推論進行的程序，較具代表性的是「三段論法」。

三段論法應如此推進：

〔大前提〕所有的人都會死。

〔小前提〕A是一個人。

〔結論〕所以，A會死。

這時，必須先證明大前提和小前提都是事實。

但有時三段論法也會被誤用。例如：

〔大前提〕大人都喜歡說謊。
〔小前提〕老師是大人。
〔結論〕所以，老師喜歡說謊。
在此，〔大前提〕未經證實。因爲，並非所有的大人都喜歡說謊。
〔大前提〕並不是所有的大人都喜歡說謊。
〔小前提〕老師必須教育小孩子。
〔結論〕所以，老師不會說謊。
這時，雖然前提對了，但邏輯上却有些錯誤。
〔大前提〕在公司中提出建議時，如果能獲得有關部門的贊同，便較易成功。
〔小前提〕這項建議有獲得有關部門之贊同的可能。
〔結論〕所以，這項建議會成功。
在此，卽使假定和前提都對了，但結論却有些奇怪。問題是出在小前提上。由於「有……的可能」並不意味著「一定會……」。因此，無法斷定這項建議可獲得「成功」。
如果條理清晰，應該不致於會弄錯，但由於人們通常都急著要產生結論，因而難免會造成邏輯上的混亂。如果被對方擊中這一點，立刻就得投降。
▼因果關係的查核。我們經常會弄錯原因——結果的關係。

以下舉一個例子加以說明：

某家工廠的一部五馬力的馬達燒壞了。現場的監督者如下推論出原因，並主張「修訂公司的組織章程」。他認爲其因果關係是：

「潤滑油耗光」→（原因是）「作業員不注意」→（原因是）「監督者指導無方」→（原因是）「監督者權責不明確」→（原因是）「公司的組織章程不完備」。

這種因果關係顯然有些奇怪。

錯就錯在其原因過於一般化、抽象化。

「特定馬達的潤滑油耗光了」其直接的原因爲「使用此馬達的特定作業員X不注意」。既然如此，只要具體地掌握作業員爲何不注意，並進而改善此原因不就行了嗎？何必將其原因一般化，最後甚至推論到指導無方？

類似這樣的錯誤非常多，必須特別注意。

▼類推也要小心地使用。這是最常使用的類推性推論。

例如：A公司的業務員主張，銷售能力驚人之B公司成功的原因，是其宣傳戰術和回扣戰術高明所致。

因此，A公司在推出新產品時，也大幅度地提高宣傳費和回扣額。然而，却沒有獲致預期的成果。

原來，此一類推有些錯誤。

在比較A公司和B公司的營業能力時，除非有宣傳戰術和回扣戰術以外的衆多因素一律相同的前提，否則此類推就無法成立。結果，公司方面却採納業務員主觀的主張，因而發生了錯誤。

要作類推時，必須注意下列兩個要點：

①除非要作比較的雙方，條件幾乎相同，否則就無法成立。

②卽使某種狀況和在某一點上相似，如果其他更重要的要點並不類似，也無法成立。

總而言之，只要對方舉出一個我方類推無法成立的例子，我方的主張很快便會瓦解。

◇應用反駁和反證的反擊法

當對方以一大篇的道理來進攻時，採取反駁和反證的反擊法，可說與如前所述的「不被駁倒的防衞技巧（會話技巧）」是一體的兩面。

卽使自己有弱點存在，但對方很可能也有此弱點。因此，只要刻意攻擊對方的弱點，並主張自己的邏輯，如此卽可。

但對方也不一定僅以邏輯進攻。因此，無論對方採取任何攻勢，我們都必須有力地加以反擊。以下針對各種情況分別說明反擊法。

●攻毀邏輯的反擊法

*當對方以道理進攻時

如果你能否定對方的邏輯，大可加以反駁。當對方向你進攻時，他可能會針對「辯論三要素」——「事實」「論據」「主張」的弱點，分別加以否定。

例如，針對「事實」而言，他會攻擊說：「根據我們的調查發現，根本沒有這種事實。」或者，舉出相反的事實，攻擊你的「有些錯誤的事實」。也就是說，會引起一場事實的爭論。

要在這場爭論中獲勝，最重要的是，必須再度證明自己所舉出的事實，以及否定對方所提相反的事實。這時的問題是，必須注意事實的正確度，以及是否具有權威。至於要如何證實這一切，在前面已經說明過，但以下還是列舉其關鍵，以供參考。

⑴根據初步資料，亦即根據實地調查所獲得的事實最正確。

⑵得自專家的事實最具權威。不過，此專家必須是具有權威的專家。

對方進行反駁時的第一步驟可能如下。如果對方攻擊說：「根據我們的調查，不僅沒有此事實存在，而且眞正的事實剛好和你所說的相反。」這時，你可向對方提出要求：「請你們發表進行調查之成員的資格、能力、調查方法，以及其結果。」接著，應鍥而不舍地以如前所述的關鍵和對方周旋。弱點總是有的，調查結果絕不可能毫無弱點。因此，這種攻擊法，僅限於確信我方的事實根據比對方的事實根據更正確時才可使用。

同樣是以道理進攻，但對方有時會以忽視現實的「應有論」，進行攻擊。例如：「你們說，此產品賣不出去，但這是我們經過市場調查，花費不少苦心才開發出來的產品，怎麼有賣不出去的道理？應該是可以順利銷售的。是不是你們營業部不努力？只要大家肯努力以赴，相信應有辦法可想才對。」

要反駁以上這番話相當困難。除了提出使對方不得不認同的新事實外，別無他途。例如：請

具有權威的專家進行針對此商品的消費者意見調查，並且請對方參與，以免日後產生調查結果時，對方又找碴地說：「別人所做的事，不值得信賴。」

其次，要介紹攻擊「論據」而加以反駁的情況。一般而言，歪理的論據總有破綻存在，因此，我們應針對這點進行攻擊。

例如：你主張：「上班時間跑到咖啡廳去喝咖啡，違反公司的規定。」結果對方反駁說：「知識份子所從事的是動腦工作，喝咖啡可使頭腦更清醒，有助於思考工作方面的事，因此喝咖啡也等於是在工作。」

那麼，你應該如何攻擊對方的說法呢？

對方所提之反駁的論據好像是「只要在想工作方面的事，就等於是在工作。」若此論據是正確無誤的，那麼就等於表示，在下班回家後，仍然有許多人在工作。因此，你必須由公司的規定中，可反駁對方的論據。例如：他不待在自己的工作崗位上，只爲了喝咖啡而跑到咖啡廳去，關於這一點，顯然已違反公司的規定，不必在「工作的定義」上，與對方多費口舌。

當對方提出此歪理時，可正面反駁他，也可採取旁敲側擊的方式，讓他大出洋相。例如，你可要求對方說：「只要你提出在思考工作方面之事的證明，我就相信你。」

這種反駁方式，和某個和尚機智的說法大同小異。有一天，幾個人故意爲難某個和尚，要求他抓住畫在屏風上的老虎，這位和尚聽後不慌不忙地說：「你們從那一邊把老虎趕出來，我自會抓住牠。」

*當對方轉換邏輯時

我們平日常聽人說：「他所說的話我很了解。可是看他說話的那種神情，怎能讓人接受？我就討厭他說話的模樣！」

這是將合理的邏輯，轉換成感情邏輯的例子。

對於感情邏輯，必須以感情邏輯來應付，以免偏離話題。對方會這麼說，一定有感情上的因素存在，因此，你應針對此原因，謀求對策。

例如：當兩方在進行交涉時，其中一方對另一方頗有反感，其理由是：「既然他們有求於我們，好歹也應該客氣一些，怎麼一開口就說：『你們必須協助我們！』簡直莫名其妙！」

如果發現了這點，另一方便應改變戰術，而擺出低姿態。

此外，也有像下面這種轉換法。

夫：「妳平常沒有好好地管教孩子，所以孩子才會這麼差勁！」

妻：「我整天忙著做家事，總不能一天二十四小時都看著他。」

夫：「我不是這個意思。我只是要妳儘量多注意他。」

妻：「你是說，我還不夠注意他？」

夫：「不，我是說妳要關懷……。」

妻：「既然你這麼說，我倒要問你，你認眞地爲孩子設想過嗎？」

夫：「當然設想過，但我和孩子相處的時間太少……。」

妻：「那我還不是一樣？」

夫：「這……」

以上這段會話的主題原是「孩子太差勁，應如何加以改善？」結果却不是如此。

由於丈夫提出話題的方式不對，因此才讓妻子有機可乘，並提出防衞與反擊的架勢。最初，丈夫的主張是「妻子應多管敎孩子」，最後却被妻子轉換成「丈夫也應多爲孩子設想」。也就是說，妻子成功地對丈夫施以反擊。女性最擅長的，就是這一招。

這時，丈夫若要對抗妻子，應掌握兩個要點。

首先，不可讓妻子擺出防衞的架勢。只希望對方負責的說法，是相當不理想的。其次，一看話題逐漸偏離主題，就應暫時停止「進攻」，使對方恢復正常的心理狀態。例如，在前面所說的例子中，當妻子說：「我整天忙著做家事……」丈夫就應立卽停止攻擊，並且說：「的確，正如你所說的，在忙碌時要抽空管敎孩子，確實很難。那麼，妳認爲什麼時候管敎孩子比較適當？」

這樣一來，旣不會傷害到妻子，又可激發其自發性，使她說出事實、提出建議。

由此可知，對方想轉換話題，主要是爲了採取防衞手段。因此在這個時候，你若採取鍥而不舍的攻擊方式，一定會失敗的。

此外，在蘇俄式的交涉技巧中，常見不甚光明磊落的邏輯轉換方式。

這種方式，曾使用於如前所述之「虛張聲勢的徹退技巧」中。一方眼見交涉步入死巷時，就聲色俱厲地說：

「再談下去毫無意義可言。因此，我們要求退席。我再說淸楚一些，今天會導致這種狀況，你們要負全部的責任！」

這是霸王硬上弓式的邏輯轉換。事實上，交涉會陷入僵局，主要是採取邏輯轉換方式的一方，本身提出了無理的要求（他們自己明知無理！）所致。但他們却將責任轉嫁給不能接受要求的另一方。的確，交涉會步入死巷的直接原因，是另一方無法接受對方的無理要求。

如果此交涉有截限時間，這種轉換邏輯所產生的歪理，將會產生更好的效果。

總之，另一方應向對方明白表示：「交涉無法順利進行的責任，應由你們來負，因爲，你們所提出的無理要求，我們根本不能接受！」並且還要宣佈：「如果你們不肯改變要求，我們也不得不退席。」

這是眞槍實彈的作戰，誰露出破綻誰就會落敗。

＊如果對方攻擊細節時

這是吹毛求疵的作風。在蘇俄式的交涉技巧中，也採行此方式。當AB兩方大致上已獲得協調時，結果，到了快接近截限時間的時候，A方却不厭其煩地吹毛求疵，使另一方覺得掃興，然後，A方便藉機要求修改B方原已同意的大原則，由於此時B方已被A方弄得頭昏腦脹，因此大都會接受A方得寸進尺的要求。

要應付此手法，對部分性的攻擊應不予理會。除非對方所指摘的部分特別重要，否則便可反駁說：「的確，這部分是有檢討的必要。不過，先後順序必須弄清楚，我們必須優先考慮大原則是否正確。」視情況也可拒絕對方的無理要求，並頂他說：「這部分和主題沒有直接的關係。」並且要將討論的方向誘導至「先討論主題」方面。

例如：一艘輪船撞到冰山時，這時最主要的論點應該是「如何拯救所有的乘客和船員」，至於「遇難乘客的賠償問題」，以及「救女性乘客登上小艇時，應注重禮貌」等，則是次要的問題。然而令人感到意外的是，日常生活中却經常出現不分輕重緩急的議論。

*當對方重視感覺時

前面曾經提到過以感情邏輯來反駁的方式。靠直覺來反駁，也和此方式相似。

一位上司在聽部屬說明其建議後，說：「嗯，你設想得很周到，精神可嘉。但我總覺得未必可行……」「那裏有缺點呢？」「如果你問那裏有缺點，我一時也無法回答，反正總覺得它不可採行……。」

這種上司眞難應付。由於你根本無法反駁他，因此除了必恭必敬地退下以外，別無他途。此外，你也不可輕視上司的直覺，因爲上司透過多年的經驗，比你更能意識到危險的存在。總之，當上司不採納你的建議時，你應不厭其煩地將稍作改變的建議方案提出。最後，必能提出符合上司感覺的建議。

中國人最善於使用感情邏輯。當對方使用感情邏輯時，你絕不可輕易退讓。例如：

A：「我要你辦這件事。」

B：「這件事很困難，毫無實現的可能性。」

A：「你只說困難，我却不知道困難之處在那裏？」

B：「環境太惡劣了，而且，有關部門又一再抗議。」

A：「何必如此斷言呢？」

B：「因爲我覺得不安啊！所以不能答應。反正這件事辦不成就是了。」

你絕不可爲這種逃避責任的說法而感到迷惑。但國人總是難以抗逆對方的意見，很容易便會說服自己：「他既然說辦不成，總有理由吧！我暫時不要勉強他去做好了。」這種做法是不對的。

在這個例子中，你必須讓B具體地提出他主張「辦不成」的根據。接著再告訴他：「你說這件事辦不成？好，現在我們來想使它辦得成的方法。」先堵住B的退路，再向前推他一把，於是，「辦不成」的根據消失了，而「可能辦得成」的根據則增加不少。當「辦得成」的根據，比「

辦不成」的根據多時，B就沒有再推拖的藉口，而且也較提得起幹勁。

也就是說，當對方以重視感覺的邏輯拒絕你的要求時，你可用根據事實的邏輯，說道理讓對方了解。

最後，別忘了再鼓勵他說：「這樣一定辦得成！」於是，存在於重視感覺邏輯中的不安，瞬間便消失了。像這樣的最後衝刺，實難以用邏輯說明。

◇被窮追不捨時的鼬鼠戰術

當你被對方逼迫得走投無路時，所應採取的「突破僵局的戰術」，已在第三章說明過。此戰術是利用攪亂對方的方法，儘量拖延時間，使我方便於反擊。鼬鼠戰術雖然也是攪亂戰術之一，但它也是一種反擊術。

●沒有希望時就逃之夭夭

明知這已是毫無勝算的作戰，再作無謂的抵抗，也只會加深自己的傷害而已，這時，還是三十六計，走為上策。

下面舉個常見的例子：

上司：「這份報告很重要，你一定要影印得清晰些。」

部屬：「公司裏的影印機很舊，清晰程度大致只有這樣而已。」

上司：「你說很舊？總該有保養吧！」

部屬：「有是有，但經常故障，維修人員幾乎每兩天就得來一趟。」

上司：「會不會是使用次數太多了？一天平均影印多少張？」

部屬：「經常使用。幾乎沒讓它休息過。」

上司：「你怎麽回答得這麽草率？如果耐用年限已到，你就應該根據可靠的資料，申請換一部新影印機的預算。」

部屬：「可是，畢竟它還可以使用啊！而且，在提倡節約能源的今天，要換新，恐怕……」

上司：「你沒有提出申請，怎麽知道能不能批准？申請和批准根本是不同的兩回事！」

部屬：「那麽，我這就去寫申請書。」

上司：「喂！我又沒有叫你馬上去申請。你不是說，不可能影印得更清晰嗎？所以，我只是在告訴你，萬一影印機無法使用時，你應該怎麽做。」

部屬：「哦……」

在以上這個例子中，部屬顯然已被上司駁倒。部屬愈強辯，只會愈加深彼此的裂痕。上司想尋求具體的事實（證據），以便駁倒部屬所說「不可能影印的更清晰」的說法。因此，在這種情況下，部屬除了也尋求事實加以反駁外，別無他途。

首先，部屬應稍作退讓。當上司針對影印機的使用次數欲求證時，部屬應明白表示：「好，我這就去查。無論如何，我會設法影印得更清晰，請您放心。」

這樣一來，情況便會改觀。當然，上司也了解目前要換部新的影印機，不是件容易的事，因此，扯到此話題上，對自己也是不利的。上司發脾氣，主要是因爲不希望部屬在他面前強辯。

●逃不掉時應放出煙霧彈

放出「煙霧彈」，才是鼬鼠戰術的奧妙秘訣。當鼬鼠被追得走投無路時，會放出一種惡臭，阻礙敵方的追擊。

＊强硬的主張通行無阻嗎？

這是我一位友人的親身經歷。有一天，他到雜貨店去買一包香煙，過了一會兒，他以爲自己並沒有拿到香煙，於是催促雜貨店的老闆娘趕快拿給他。然而，老闆娘却說已經交給他了，但他確實記得沒有拿到香煙，因此口氣更爲強硬。最後，那位老闆娘雖然極不服氣，但還是給了他一包香煙，他接過來後離開雜貨店，無意中將手插進口袋，竟然發現口袋中已有一包香煙！原來，這是他在無意識的狀態下收取的。

他這一驚非同小可。如果剛剛在雜貨店裏面被搜身，他就成了犯詐欺罪的現行犯！想到自己的身分地位差一點便毀於一旦，確實讓他嚇出一身冷汗。

由於他誤以爲自己沒有拿到香煙，因此才能以強硬的態度提出主張，結果，這種做法使他脫離了潛在的危機。如果他和老闆娘爭論時，發現口袋中有另一包香煙，那該怎麼辦呢？他一定會有走投無路的感覺。

即使自己的口氣曾經那麼堅決和強硬，只怕此時也不得不低聲下氣地說：「啊！已經給過了。對不起！」

事實上，在這種情況下只有兩條路可走。

第一就是徹底貫徹自己的主張。但如此一來，如果被搜身，他便得費些口舌來解釋。另一種方法就是一面認錯，一面提出不致於會使對方誤會的辯白。但此方法也不是絕對妥當的，因爲只要不小心說錯一句話，便會被對方告到警察局去。

徹底堅持自己的主張時，如果一旦被搜身，還有強辯的餘地。因爲，任何人都無法證明從口袋中搜出的香煙，便是剛剛買的那一包。然而，這種做法終究不太好，可能的話，不妨採取第二種方法。

只是，他必須拿著第二包香煙技巧地說：「喏，錢在這兒。我是說要買兩包！」

這時，對方或許會覺得莫名其妙，因而轉念一想，以爲是自己聽錯了。於是，顧客應趁對方迷惑不已的瞬間，趕緊說：「好，再見！」然後快步離開現場。在這個時候，對方只能啞口無言地看顧客離去。

如果在拿第一包香煙時，對方已找了錢，應將第二包香煙的錢退還給對方，並說：

「啊！你錢找得太多了。喏，還你！」

這時顧客所放出的「惡臭」，會使對方覺得迷惑不已，以爲自己眞的聽錯了。

＊歪理橫行

女性最善於使出這一招。一看自己無法以道理取勝，很快便改施鼬鼠戰術。這種靈活運用戰術的本能，眞令人佩服。

一對兄妹在爭執不休。他們爭執的是，剩下的最後一個小蛋糕該由誰吃的問題。

兄：「昨天晚上妳已經吃了兩個，但我却只吃到一個。所以，這個當然是我的。」

妹：「可是，哥哥應該疼妹妹嘛！」

兄：「這是兩回事啊！」

妹：「你眞好吃！蛋糕又不是男生吃的。你喜歡吃甜食，女生會討厭你的。」

兄：「爲什麼男生不能吃？就算女生討厭我也無所謂，我不在乎。」

妹：「哥，你每次都這樣，總是要跟我搶東西。像上一次，你還不是……。」

對女性而言，妹妹所說的話是具有「邏輯性」的。她眼見哥哥的道理比她充分，而且強有力地反擊過來，只好突然改以不同的「邏輯」相抗衡。由於嚴格說來，這根本不算是邏輯，因此受到攻擊的一方，難免會覺得困惑不已。

最後，對方除了屈服於此歪理下以外，別無他途。

＊威　脅

這是被對方逼至窮途末路時，不得已才採行的策略。一旦使用此策略，卽使是個和藹可親的人，也會趁機反噬對方。俗語說：「狗急跳牆。」這句話不無道理。

以下舉一個巧妙使出威脅手段的例子。

這是一家乳製品廠商所發生的事。有一次，一位消費者跑到這家公司去大吵大鬧，指控他們所製造的奶粉中，混入一隻活蒼蠅。

事實上，在製造過程中，根本不可能發生這種事。雖然這很明顯是消費者的錯，但若說明不當，必定會使對方產生不信任的感覺。

因此，應該如此作答：

「什麼話？如果這是我們公司的疏忽，而在奶粉中混入一隻蒼蠅，問題當然很嚴重，我們自會停止所有生產的工作，進行徹底的檢查。」

說話時，態度必須嚴肅些，並接著說：「本公司的產品都密封於罐中，而且還經過抽出空氣灌入氮氣的步驟，因此，我們確信，絕不可能有一隻蒼蠅被裝入罐中，更何況是一隻活的蒼蠅！我想，這件事應儘快進行調查，現在，請你詳細地告訴我，有關你打開奶粉時的狀況，以及開罐後的保管情形等。」

這家乳製品廠商在處理這件事時，未必是處於被逼得走投無路的狀況，但若採取低姿態，不僅問題無法獲得解決，甚至還會使消費者產生反感，認爲：「這家公司藐視消費者的權益！」這樣一來，這家乳製品廠商眞要百口莫辯了。

＊使對方的箭鏃偏離

這是讓對方所射出的箭偏離標的，並手足無措的方法。

在某次會議中，大家爲A、B兩方案的抉擇問題爭執不休，討論漸趨白熱化，主張A方案或B方案的人，都固執於自己的意見，不肯輕易退讓。

這時，一向主張A方案的男子，突然站起來發言：

「我向來認爲A方案才值得採行，但聽各位這麼說以後，似乎覺得B方案也不錯。然而，B方案對我來說，完全毫無經驗，甚至可說根本不懂，因此我也不便表示意見。我們還是採行B方案吧！」

結果，原本伺機以待，準備大肆加以反駁的一群，聽到這話後突然悄悄地私下商量，最後並發言說：「事實上，對於B方案我們也不敢說有足夠的經驗，所以，目前仍無法斷定B方案絕對好，我們只是覺得B方案不錯罷了。」這樣，持有不同意見的雙方彼此間的距離便拉近了一步。

向來爲反對而反對的一方，如今已有了反省的跡象。當對方舉起拳頭準備攻擊我方時，我方却將手放到背後，如此一來，對方便會頓覺鬥志受挫，最後雙方很可能會化干戈爲玉帛。

在以上這個例子中所放出的「惡臭」，就是否定自己的說法，以躲避對方的箭鏃。

以下也是個類似的例子。

某個國家的一位在野黨議員，想對某政治家進行抨擊，於是，他毫不客氣地對政治家說：

「你是個保守派份子吧？」

這位政治家聽後和顏悅色地說：「我不知道所謂的保守派該如何下定義，不過既然大家這麼說，我或許眞的是屬於保守派吧！」

議員原本料定對方會一口否認，因而早已準備好要作攻擊性的質問，但政治家的回答却出乎他意料之外，使他無法再質問下去。如果在此毫無準備的情況下，他仍然要對政治家進行攻擊，恐怕最後反成爲對方的獵食對象，因此，他不得不改變話題。

以下這個趣談，也是成功地應用鼬鼠戰術的實例。

某國一位保守派的大政治家，有一次被在野黨追問涉及個人隱私的問題：

「傳說你金屋藏嬌，而且姨太太多達四個，這是眞的嗎？」

想不到政治家的回答却出人意料之外。他說：「首先，我必須修正一下，我的姨太太不是四個，而是五個。」這句話使得整個會場哄堂大笑，簡直無法再進行質詢。

在被問及這一類的事時，如果作正面答覆，對自己是極爲不利的。對方以個人隱私作爲質詢的話題，已構成人身攻擊，因此，最好還是技巧地迴避。

＊先褒後貶

攻擊對方時，當然樂於見到對方驚慌失措或無力反駁的窘態。因爲，這表示自己的攻擊已經奏效。

我們可針對一般人的這種心理加以攻擊。

A：「你以前並不是這麼說的，我認爲這顯然前後矛盾，是不是？」

B一聽到這話，面露喜色。

B：「是，你果然很厲害，眞讓我佩服得五體投地。」

首先誇獎對方，接著繼續說：「如果沒有仔細聽我所說的話，很容易便會覺得前後矛盾。至於A先生所指出的這一點，如果我們改由另一個角度來看，應該可以了解……。」

這時，原本得意忘形的對方，頓時就會變得手足無措。

＊勿與對方一般見識

中國人在相互交談時，只要彼此一言不合，很容易便會產生衝突，然而另一方面，大多數的人却又認爲，感情用事是稚氣的表現。

常聽人說：「保持平常心。」意思是，切勿被感情的波濤所左右，必須保有平靜的心靈。

在對方非常激動時，要設法與他達成溝通，根本是白費心思。正面接受對方的挑戰，除了使事態更加惡化以外，無別其他益處。

這時，最好是告訴對方：「請你冷靜一下。反正我也無處可逃，我們何不平心靜氣地慢慢談呢？」或者勸對方「不要感情用事」，讓對方發現他自己是多麼地激動。

只要對方能恢復冷靜，凡事就好商量了。

◇以退爲進的高明戰術

辯論時，有時可僞裝被對方駁倒，並後退一步，但這是「戰略性的後退」。也就是說，研判此情況將更有利於自己時，才使用這後退戰術。因此，時機一到，必須很快地前進兩步。

●使用「Yes-But」法

這是經常被使用，且具有極大效果的方法。無論對方說什麼，都應回答說：「對、對……」接著再找機會心平氣和地對他說：「可是，還有一些問題，我們必須愼重檢討。」

任何人在當面被反駁時，都會產生排斥對方意見的反應，卽使明知對方有理，却仍然會如此。

因此，先回答「對、對……」的目的，並不表示贊成對方的意見，只是向對方表達「你所說的話我懂」的意思罷了。

使用「Yes - But」法時，必須特別注意以下兩點：

▼以態度表示了解對方的意見。例如：身體稍向前傾，凝視對方的眼睛，並點頭示意，接著，將對方說話的內容整理一番，說：「你想說的不就是……。」

▼表示與對方有相同的感受。先體會對方的心情，然後對他說：「你就是爲了這件事而感到焦急吧？」「你認爲他太窩囊了是嗎？」

只要你表現出能體會對方心情的態度，對方便會喪失攻擊的能力。尤其當他感情用事時，聽到你這麼說，他很快就會冷靜下來。

而且，透過雙方進一步交換意見後，對方通常也會發現自己的錯誤。

當然，「Yes－But」法在辯論時，也能產生極大的效果。這就是「我方是對的，但對方錯了」的說法。

其使用法包括：

「現在的年輕人的確如你所說的一般，不指示他們去做事，他們便不動。但是，只要適當地加以指示，他們就會很熱心地去進行，而且，他們也非常熱中於自己所喜歡的工作。由此可知，說他們提不起幹勁是錯誤的。」

「你所說的定義，已不合乎現代的潮流。只要你以新的定義爲觀點去看，將會發現他們是幹勁十足的。」

「姑且認爲你的意見是對的，以便讓你對這些新的事實作個說明。現在，請開始說吧！」

這是以退爲進的戰術，對方以爲你退讓一步，其實你已前進了兩步。

技巧地使用「Yes－But」法的要訣，是當你說「但是……」時，不可直接攻擊對方的弱點。你必須口氣溫和，最好是設法讓對方自己發現錯誤。

這種技巧可發展出如下的戰術。

●無孔不入地侵襲

首先提出微不足道的要求。由於對方通常會心想：「這一點點要求……」因此，很容易便會答應。接著，你應立卽提出稍大的要求。像這樣，接二連三地使對方答應你的要求，成爲旣定的事實。

最初，對方大都會擺出強硬抵抗的姿態，然而，一旦允許以後，便只好以「管它是大事或小事，反正已經答應了」爲藉口，來安慰自己。

這一招，是業務員經常使用的：

「對不起，這位太太，請幫忙塡一份表格。這種問卷調查表很簡單，只要十分鐘……。」

等對方答應了，業務員便進入屋子裏。

至於問卷調查，這是無關緊要的事。其目的只是要進入屋子裏推銷商品。對方一旦讓業務員進入，絕不好意思馬上趕他走，因此不得不聽他說些話。如果彼此談得頗投機，或許業務員還能多待三十分鐘。

想要見忙碌不堪的人時，也可使用此方法。你可以先請求對方說：「只要十分鐘就夠了。」當然，對方也會叮嚀一句：「以十分鐘爲限。」但隨著談話的展開，卽使你多拖延些時間，對方也無可奈何。

前面所說的，都是有求於他人時的情形，以下要介紹的，則是在辯論或會話中使用此方法的情形。

A：「你贊成對新進人員施以嚴格的訓練吧？」

B：「當然贊成。接受稍微嚴格的訓練，對他們而言，只有好處。」

A：「但是，負責訓練的人選，也應該愼重考慮吧？」

B：「不錯，管理人員也要再加以訓練，好讓他們對部屬進行更理想的管理。」

A：「完全贊成。聽你這麼說，我大有自信。然而，主管們都忙得不可開交，那有機會進行主管的訓練呢？」

B：「那還用說？但爲了好好地訓練新進人員，除此以外，無計可施。」

在前面這個例子中，是先由對方所接受的話題「新進人員的訓練」談起，接著適當誘導出此次談話的重點——主管的訓練。這是由小處着手，而逐漸達成目的的戰術。

●請教對方

當自己的主張受到強烈的反對，以致於寸步難行時，不妨請教對方：「如果是你，請問你會怎麼辦？」

汽車推銷員經常使用這種方法。當客戶回答：「目前還不準備換新車。」汽車推銷員便滔滔不絕地向對方說明在此時換新車有多麼划算。當然，客戶會聽得厭煩不堪，最後只好以「沒有錢」爲藉口。於是，推銷員又開始說明貸款買車的方法，鍥而不舍地進行推銷。推銷員這種熱心推銷的作風，固然值得欽佩，但以客戶的立場來看，絕對聽不進這些說明。

因此，汽車推銷員最好是請教對方：「你喜歡什麼車子？」或「這又是爲什麼？」如此一來，生意是否做得成，是另一回事，總之，客戶大都會有問必答的。

此外，遇有工作上的問題必須加以解決時，如果你指出：「……的原因在此。證據是……」並進而謀求對策，有時，旁人也不肯聽取你的意見。因爲，任何人都不喜歡別人在自己面前嘮叨不休。

此時，不妨請教他人：「這究竟是什麼原因造成的呢？我眞搞不懂，你是否可以指點我？」這樣，對方通常會得意洋洋地爲你上一課。

任何人一聽到對方先說出自己所熟知的事，或一直以爲是自己最先發現、最先想到的事時，必定會加以反駁。相反的，自己若站在施教的立場上，則變得非常寬容，凡是自己所知道的，無不全部說出。

這類方法所以能產生效果，主要是因爲對方的自尊心在作祟。因此，同樣的道理，多多恭維、奉承對方，使對方產生優越感，最後，對方答應爲你所做的事，往往會遠超過你所期望的。以此方法對付小孩尤其有效，事實上，對付大人也無不應驗。

「以退爲進」的方法，就是僞裝輸給對方，其實却如意操縱對方的戰術。

●易攻為守

當對方刻意向你施以人身攻擊時，你若爲了維護自己，積極地展開強烈的反駁，效果往往會適得其反。

對一般的中國人而言，總認爲替自己辯解，是「想不開」或「太固執」的行爲，並且認爲這

些人「做錯了事還厚顏無恥」。據說，如果在美國發生車禍，絕不可向對方說：「對不起！」因爲，這表示你坦承一切的過錯。

但相反的，對中國人而言，如果不趕緊向對方說聲「對不起」，根本無法順利地進行交涉。對方往往會認爲你「態度蠻橫」，因而不肯心平氣和地與你尋求解決問題的途徑。然而，在某些時候，一味地道歉便無法維護自己的立場。這時可使用以比喻貫徹自我主張的方法。

在戰國時代，有位十分高明的間諜名叫蘇奏。他原本在燕國做官，後來潛入鄰國——齊國，從事地下工作。爲達成此目的，表面上他不得不擺出「效忠齊國」的姿態，長此以往，燕國便逐漸對他產生懷疑。

當蘇奏意識到他的處境愈來愈危險時，就回到燕國來，但燕國却很冷漠地對待他。原來，燕王已對他起疑。

於是，蘇奏便將下面這段話稟告燕王：

「臣不知皇上是否聽過這個故事。有個男子，到遠地赴任，在他不在家的期間，其妻子與人通姦。不久，他的妻子接獲通知，說是丈夫快回來了。那位和他妻子通姦的男人，嚇得驚慌失措。但其妻子却說：『不要怕。等他回來以後，我會讓他喝毒酒。』大概過了三天左右，到遠地赴任的男人回家了。

他的妻子立刻命令婢女取出毒酒，並不斷地勸丈夫趕緊喝下。婢女當然知道酒的秘密，但她怕主人知道後，不會饒赦夫人，然而，若不告訴主人，他馬上就沒命了。婢女想不出好辦法，只好故意假裝跌了一跤，將酒壺打翻。主人見狀非常生氣，於是責打婢女五十大板。婢女爲了救主人的性命，以及不使他們夫婦失和，因此才機智地打翻毒酒，但她這麼做，却爲自己換來皮肉之苦。不幸的是，我的情況不是和她一模一樣嗎？」

蘇奏訴諸於感情的這段話，終於打動了對方的心。如果只是一味地爲自己辯護，或者責難對方不應如此對待自己，反而會使對方更加懷疑。

這就是後退一步而得救的例子。

●放氣球看看情況

想要正確地判斷現在是否應後退、要後退到何種程度，以及要後退到那裏再前進，都必須使用以下的方法。

這時，只要找個適當的時機，放出一個語言的氣球就行了。如果覺得風的阻力太強，便站住不可魯莽行事。但若聽到大家都發出歡迎的聲音，則大可放手去做。

只是，表現的方式必須愼重考慮。在此有兩項要點應該遵守：第一、必須能掌握對方的反應；第二、眼見快要受到攻擊時，應立卽將氣球拉下。

「你認爲『如果』使用這種方法，結果會怎樣？」

「例如，像××公司，『據說』就是採取這種方法，不知是否適用於本公司的情況？」

「關於這一點，或許你有許多意見，但不少人認爲，你所指出的方向『可能』有些不妥，所以……。」

像這樣，不使用斷然的說法，同時，也儘量不要讓對方抓到語言上的小辮子，使他無機可乘。

第五章　不讓對方抓住小辮子的說話技巧

◈使對方啞口無言的火遁術

所謂三十六計，走爲上策。遭受攻擊時，如果沒有把握勝過對方，最好是趕緊撤退，以免使自己陷入僵局。當然，這是情非得已時，才採取的方法。

卽使是撤退，也應技巧一些，否則仍然會受到傷害。因此，偶爾必須使詐，使對方乾瞪眼。想要掙脫出僵局或起死回生時，也可使用此方法，其目的是使自己更加從容，或攪亂對方。在此要介紹的是，想在當場撤退時，可加以應用的方法。一般而言，攻勢凌厲的人，大都善於退守。

●切斷對方思考的流程

使對方啞口無言的訣竅，便是使他陷入茫然、不知所措的狀態中。因此，只要破壞對方思考時的正常流程就行了。

最簡單的方法，是在對方說話時，鄭重其事地邊點頭邊說：「有道理！」「原來如此！」「然後呢？」「最後怎樣了？」

這樣一來，大都數的人都無法使頭腦保持冷靜。不久，甚至連自己在說些什麼都搞不清楚，因此，音調也逐漸降低。此時，你只要再進一步說：「哎呀！你怎麼了？有何不對嗎？趕快說下去呀！」對方的鬥志便會完全喪失。

接著，你可改變話題，說明你早已準備好的內容，如此就不怕對方追擊了。

●轉移對方的注意力

在百貨公司中，有個小孩賴在地上不起來，並且大哭大鬧，硬要媽媽買玩具給他。這時，他的媽媽靈機一動，大叫一聲：「飛碟來了！」於是，孩子在驚嚇之餘，便停止哭泣，視線一直循著媽媽所指示的方向，想捕捉飛碟的影子。由於這位媽媽的機智，終於使她的孩子不繼續哭鬧。

在日常生活中，也常見突然改變話題的方法。基於本能，女性最擅長使用此方法。

夫：「小明的成績很不理想，妳是不是沒有嚴加督促呢？」

妻：「我看他挺用功的嘛！」

夫：「那大概是他的資質不好。」

妻：「是啊！反正我是個傻女人。」

夫：「喂！我又沒有這麼說。」

妻：「你是一流大學的畢業生，當然有資格這麼說。」

夫：「我看，或許是教育孩子的方式有問題。」
妻：「誰叫你老是三更半夜才回家，假日也看不到人影。」
夫：「我承認，可是爲了工作，又有什麼辦法？」
妻：「我想，家庭對你而言，大概是無關緊要吧！」
夫：「妳……？」
當然，在這段會話中，妻子不按牌理出牌的應對方式，的確令人不敢領教。不過，她却本能地躲開丈夫攻擊的箭鏃。
如此一來，丈夫也無計可施了。

●使用抽象語言和難解語言

當對方根據具體的事實，有條不紊地進行談話時，如果你估計沒有多大的勝算，不妨用語言打煙幕戰。
例如，當孩子要求增加零用錢時，你可以參考以下的說法。
孩子：「因爲……，所以零用錢根本不夠花。」
母親：「唉！妳不了解家裏的情形。如今貨幣升值，妳爸爸的公司大喊吃不消，或許薪水和獎金都會大幅度地減少。再說，妳有沒有想過？學生時代本來就應該把心思用在課本上，其他像服裝或休閒活動等，必須符合自己的身份。我們不是有錢人家，妳年紀也不小了，應該多爲家計著想。」

在這個例子中，是將零用錢此具體的問題擱到一邊，先提到國內的經濟狀況和家中的經濟狀況，再扯到學生應有的做法。

像這樣，以大家都知道之抽象度高的事實或「應有論」來作說明，相形之下，具體的問題便顯得不重要了。因爲，這具體的問題，將會被如前所述的「大問題」所掩蓋。

此外，也有以難解語言，使對方墜入五里霧中的說法。尤其當對方是個自尊心特強的人或自卑感特重的人，則更加有效。

其關鍵是使對方誤以爲某事只有他不知道，其他人早已詳知。

A：「我認爲我們應採用此商品企劃。」

B：「（心想此企劃成功的希望不大，一不小心便會成爲致命傷）你的企劃確實相當不錯，但由於社會已有某些轉變，因此，這企劃便產生了一些問題。例如：貧與富的區別已不同於以往，必須重新考慮。此外，無論新人類或雅痞，都有和我們不同的感受，現在的市場也由需求轉變成觀望……。反正，長此以往必然會發生問題。」

據說，中國人最難以抗逆用英文表示的資料。所謂難以抗逆，是指只要是以英文書寫的資料，人們大都會相信它。

即使看不懂它寫的是什麼，但總覺得有何深意存在。

此外，由於國人多少有些「外來的和尚會唸經」的心理，因此對於傑出的外國人，總是非常崇拜。

在會談中，只要間雜一些「康德說……」或「美國著名評論家甘迺迪說……」，就可增加說服力。

●使對方陷入迷惑的狀態

當人的腦中呈現糾葛狀態時，判斷能力往往會減弱。所謂的糾葛狀態，就是指迷惑不定、不知如何是好的狀態。

如果對方以「這問題必須趕緊解決，請立刻作決斷」爲由，不斷地逼迫你時，你可以說：「我知道這問題很緊急，但若考慮到事情的重要性，就不應該急於一時。所謂『欲速則不達』，我想凡事還是愼重地進行較好。」

這麼說的意思是，強迫對方重新思量緊急性和重要性這兩項判斷要素。

如果對方不能由此兩項判斷要素選擇其一，難免會左思右想而迷惑不定，最後只好稍作退讓，認爲解決的時間拖得久一點，也是沒有辦法的事。

「重要性」的定義範圍很廣，因此，一開始便強調它，可使對方如墜入五里霧中。

若對方反駁說：「你所說的『重要性』，事實上，並不比我說的緊急性重要。」你也可以如此反擊：「這只不過是你考慮過多而已。關於這一點，或許大家都有各種意見，所以，還是愼重行事爲宜。」

在此，使用「大家」這抽象語言，是爲了增加效果。因爲，任何人都不知道「大家」，究竟是指那些人！

●採取詭辯也有效果

善用語言，也可使對方墜入五里霧中。

「大致上衆人的意見是一致的。」「全體認爲它是對的」在此，「大致上」和「全體」，究竟是什麼意思？事實上，如果贊成總論、反對各論，仍然無法使全體意見一致。

這是善用語言，使對方覺得好像有所一致而同意的權宜之計。只要對方同意，以後再適當處理細節就行了。

這是使用語言的火遁術。

下面的話也具有同樣的效果。

當會議進行得不十分順利，並且意見紛紜時，不妨說：「我看，會議到此暫時中止，反正談也談不出所以然來……。」

雖然會議尚未有結果，但國人大都很習慣於如此草草收場。這時，如果有人鍥而不舍地說：「等一等，在沒有產生結論以前，應該繼續討論下去。」此人將會遭受大家無言的抗議。

這眞是魔術般的話語。

在兩方相互對立，談不出頭緒來時，你不妨居間調停說：「彼此都將所有的瓜葛付諸流水吧！大家何不同心協力呢？」

這或許不算是火遁術，但經常可用來解決對立或紛爭。聽到有人這麼說，一般人總是難以拂逆的。

此外，也有應用比喻的詭辯法。

A：「我不了解這項方案。」

B：「既然已到達這種地步，以後頂多也只是五十步和一百步的差別而已。結果都是一樣的。」

這是一種以語言打煙幕戰的方法。我國有句成語說：「五十步笑百步。」意思是，逃走五十步和一百步，其實是沒有多大差別的。B所說的話乍聽之下，似乎頗有道理，也就是說，很容易讓人忘了在現實社會中，五十步和一百步的差異是非常大的。

技巧地利用涵義不明之字句的詭辯，也可產生極佳的效果。

有個大盜和其夥伴約法三章：「今後絕不再幹犯罪的勾當。」

然而，當另一群夥件向他提議再去幹一票時，他却很快表示樂意參加。於是，有人責備他說：「你剛才不是說，不再幹犯罪的勾當了嗎？」這位大盜聽後，毫不在乎地說：「忠於職業，是人崇高的義務。幹這些勾當本是我的職業。我忠於自己的職業，有何不對嗎？」

由於職業的涵義不明，因此對於大盜所說的這番話，對方也只好無言以對。

在日常生活中，常見這種詭辯。

A：「現在，請你寫契約書及表示遵守約定的保證書，以便證明這件事雙方都同意。」

B：「這就是你的不對了。你要我寫這些文件，等於是不信任我。我絕不是那種人，既然你用懷疑的眼光看我，我們便無法再合作了。就當作這件事沒有發生過好了。」

由於B不遵循社會慣例（常識），因而顯得有些無理取鬧。

雖然很少發生這種情形，但像以下的例子，便很有可能發生。

上司：「我要你們自主地付諸行動。」

部屬：「這麼說，我可以自行判斷並放手去做囉？」

上司：「不錯。但你要自主地向我提出報告，也要自主地找我商量。」

部屬：「何時提出報告呢？」

上司：「由你們自己決定，而且，有關事項要主動地和我商量。」

部屬：「自主地付諸行動是什麼意思？主要應採取那些行動？」

上司：「主要是說，你們要好好地思考過後再做任何事。」

部屬：「哦……？」

在這個例子中，上司以「自主地」此字眼，使部屬墜入五里霧中。雖然上司口口聲聲說：「要自主地付諸行動。」其實他眞正的意思是：「你們必須和我商量過後再去進行。」

由於上司採取這種說法，因而使部屬墜入五里霧中，大家都不知道上司的葫蘆裏究竟裝什麼藥，但至少，上司以「自主地」這字眼，取代了命令式的說法，如此將較易被人接受。

上司的目的便是在此。

●以笑的方式使對方墜入五里霧中

雖然這是最原始的方法，但却意外地有效。

有一次，某公司之分公司的員工，熱烈地討論增設高爾夫社團的事，最後，衆人的意見一致，都認爲高爾夫社團應該成立，然而，興建高爾夫球練習場的預算，却必須經由總公司批准，這該怎麼辦呢？既然大家已討論那麼久，誰也不願意說：「算了吧！」尤其是強硬主張「打高爾夫球是正當活動，總公司沒有理由反對」的Ａ，更是保持沉默。

最後，經理打破沉寂開口說：

「這件事Ａ最爲堅持，所以，我們乾脆請Ａ去和總公司交涉吧！」

Ａ聽經理這麼說，實在難以拒絕。

他想了一會兒後，說：

「好，我會盡力而爲的。不過，勝任與否是另一回事。由於大家都知道我是高爾夫球迷，因此，或許總公司的人會揶揄我說：『大概是你喜歡打高爾夫球，所以才搧動大家要求興建一座高爾夫球練習場吧！』但既然各位認爲我是最適當的人選，我就跑一趟吧！哈哈哈……。」

這時的笑聲，可讓人看不出A到底是說眞心話或開玩笑，這就是火遁術的訣竅。

如果有人附和說：「我想，A去交涉大概無法完成使命，哈哈哈……」這樣一來，A的策略便成功了。

因此，當對方給你出了難題時，你可以反覆笑著說：「胡說！開玩笑！」由於你的表情顯得既不在乎又自然，對方反而會開始擔心，以爲自己那裏出錯了。在這些時候，耐性是最重要的。

◇圓滑答辯的鰻魚式說話技巧

在國會中，經常可看到這一類的說話技巧。接受施政質詢的人，往往都戰戰兢兢，絕不讓對方抓到小辮子。而且，對於對方所提出的質問，也大都含糊其辭地作答。

●不怕被抓到小辮子的詭辯

「我會妥善處理」，這句話並沒有具體指出究竟答應做什麼事。不知它意味著「依照你的要求適當地謀求對策」，或只是「你的話我聽到了」而已。

如果對方聽到「我會妥善處理」這句話，而一廂情願地作如意的解釋，責任並不在說這話的人身上。因此，如果日後對方追究說：「當時你不是，會妥善處理嗎？」這時，只要回答：「我依照你的要求努力以赴，結果却無法達成你所期望的事，眞遺憾！」如此就行了。此外，類似「我會妥善處理」的詭辯說法，還包括：「不排除……情況發生的可能性」「這種事實不無發生的可能」「至少到目前爲止……」「不排除完全不發生此狀況的可能性。」

這些詭辯完全沒有「斷言」的意味。這是十分圓滑的說法，日後大可自圓其說。

據說，某國一位政界大人物，遇有人請求他辦事時，他便回答：「知道了、知道了！」然而，這並不表示他「答應了」，只不過在告訴對方：「你說的話，我聽到了。」

有時候，這位政界大人物也不得不幾近斷言地說：

「我將用我的政治生涯作賭注，全力以赴！」

但「政治生涯」到底是什麼呢？「全力以赴」究竟是指付出何種程度的努力呢？如果你說，以「常識」想想就能懂了。話固然這麼說，但政治上的常識却是異於尋常的超常識。

以常識來想，這位政界大人物所說的「以政治生涯作賭注」，應當是「辭去公職」，可是，他最後一定會說：「如果我輕易辭職，就無法完成對國人的責任。」

某國一位首相經常說：「從不考慮解散國會。」但有一天，他却突然宣佈「解散」。

當他被人追問這一點時，他毫不在乎地說：「事實上，直到今天早上我下定決心爲止，從未考慮過要解散國會。」

在此，「考慮」也被應用到詭辯上了。一般所謂的「考慮」，是指針對某一問題加以檢討的狀態。如果我們以此常識來想，首相所說「直到今天早上爲止從未考慮過」的說法，顯然說不通了。

原來，首相所謂的「考慮」，是指「決定」的意思。也就是說，他是在今天早上作決定的，因此，「直到今天早上爲止從未考慮過」的說法，也就勉強說得通。

總而言之，這是詭辯的一種，在常識上是說不通的。

●不直接回答質詢

這是某國的國會進行質詢時的例子。

有位在野黨的議員如此提出質詢：

「根據調查，我國預定在××基地配備三十架新式戰鬥機F16。這樣一來，有關的美軍人員友其眷屬，約有三千人將前來我國。這麼做，不會刺激到蘇俄嗎？大家都知道F16是長程戰鬥機，如果以此戰鬥機擔任防衛工作，是否行得通？請明確答覆。」

針對此質詢的答辯是：「我認爲，身爲一國的國民，必須充分顯示出自己的國家自己守衛的氣概。」

雖然這種答覆並不算是明確的回答，但也不會和質詢完全扯不上關係。在這意義上，可見這是非常奧妙的鰻魚式說話技巧。

在此情況下，作正面答覆將會使議場鬧成一團。在回答時，既要避免對方窮追不捨，又不讓對方抓住小辮子，必須是對鰻魚式說話技巧非常熟練的人才能辦到。

此外，也要好好地掌握當場的「氣氛」，才可與他人對答如流。至於回答內容的修辭，只要在當場稍加注意就行了。

在日常生活中，我們也常會碰到以下的情形。

這是打電話討債的情況。

A：「喂！你好吧！最近怎麽樣？」

B：「哦！前幾天感冒了，在家躺了幾天，根本無法工作，心情沮喪得很。」

A：「那麽，關於上次借給你的錢……。」

B：「啊！我也很介意，但因爲病了一陣子，所以……。」

A：「我什麽時候可以去拿？」

B：「不久以後，我自會去拜訪你。」

A：「那就這麽辦吧！好自爲之。」

在以上的例子中，B很技巧地擺脫了對方的糾纏。

當A打電話來的一瞬間，B就搶先說「感冒了」。如此一來，A便不好意思過於逼迫對方。

接著，A問：「什麼時候可以去拿？」B又趕緊回答：「不久以後，我自會去拜訪你。」因爲，他深怕A會到家裏來討債。任何人在聽到對方說「有空會去拜訪你」時，很少會堅持一定要到對方家裏去要債的，因此，最後大都會無可奈何地說：「那就這麼辦吧！」

朋友借錢不還，的確令人生氣，但有時爲了兼顧義理人情，不借錢給別人也不行。

像B這種要賴的傢伙，也有値得學習的地方。他最厲害的一招就是「先發制人」，而且絕口不提對方想問的事，只是扯些無關緊要的事情。

●裝蒜的高明戰術

以不介紹裝蒜的方法。

A：「你總得承認這一點吧！」

B：「什麼事？我不知道啊！」

A：「你以前不是曾經這麼說過嗎？」

B：「好像有，又好像沒有。」

A：「但會議記錄上明明有記載。」

B：「人又不是神，難免會有所疏忽。或許是記錄時搞錯了。」

A：「你發言過，這總是事實吧！」

B：「我不信任會議記錄。經常有記錯的可能。」
A：「你應該看過並確認過才對。」
B：「好像有，又好像沒有。」
A：「但依照規定，你應該看過了。」
B：「或許是爲了某種原因而沒有看。」
A：「無論如何，你總要負起責任。」
B：「什麼責任？」
A：「對發言應負的責任。」
B：「我旣沒有說曾經發言，也沒有說沒有發言過。」
A：「你……。」

只要能很快地掌握對方的弱點，使用裝蒜的戰術便可應付自如。當對方要確認最重要的事實（證據）時，可用「不知道」、「不記得了」、「不清楚」等作答，而輕輕帶過。

由於你一直採取不肯合作的態度，因此，對方極難衝破此障壁。

◇切斷尾巴的蜥蜴戰術

正顏厲色地採取裝蒜的戰術，對方往往會無計可施。

這是中途中斷談話，以免遭受攻擊的方法。

●推諉責任

在自己處於不利的情況下，或想讓對方著急而引出有利的條件時，可採取將責任推諉給別人的戰術。這很像是蜥蜴爲擺脫敵人的追擊，切斷尾巴而安全逃走的方法。蘇俄式的交涉戰術，經常使用此方法。

蘇俄人在進行交涉時，往往會將不在現場的上司當成擋箭牌。當交涉無法順利進行（責任在蘇俄這一方），而惹惱了交涉的對方時，蘇俄人便會以他們的上司作爲擋箭牌，這也是最令人感到焦急的巧妙戰術。在日常生活中，我們有時也會爲了逃避責任而採取此方法。不論做法如何，反正都是爲了躲避對方的追擊。

A：「你這麼說就太沒有道理了。簡直是要我們白白地做事。」

B：「我知道你的意思，而且也很同情你。可是，這是上級的要求，他們甚至還提出更苛刻的要求。雖然我已經設法將這些不合理的要求壓了下來，但我終究是會招架不住的。搞不好還會被炒魷魚。」

在此情況下，由於A無法不透過B，直接與其上司交涉，因此，只能拿B出氣，然而，這麼做也只是讓B夾在雙方中間，徒感到左右爲難而已，根本於事無補。最後，A會心想，問題總得解決，只要再作些退讓……。當A產生這種念頭時，B就已得逞了。

相反的，也有將責任推諉給部屬的方法。

有一家公司，首先派出基層人員進行交涉，但當交涉進入死巷，職位高一級的人物便突然出現，並說：「從現在起由我負責進行交涉。在這以前，是由×先生擔任代表，但我想依照我的方法試試看。」

如此一來，以前的交涉便算是作廢了。當然，在以前的交涉中若已成立之條件對公司有利，還是會被保留下來的。

對方眼見這種情形，便責難目前的交涉者說：「這樣一來，直到今天爲止的交涉不全都作廢了？貴公司還有何信用可言！」這位職位較高的交涉者聽後語氣溫和地回答：「公司方面派職位高一級的人員來這裏，主要是想以更負責的態度進行交涉，關於這一點，希望您能了解，因爲這是本公司的傳統。」

如果進行交涉的對方是「客戶」，如此責難，或許這家公司會稍作退讓。若彼此的立場是平等的，這家善於應用戰術的公司最後必然會在交涉中佔優勢。

進行一般的商務交涉時，應先派基層人員進行交涉，如果無法順利地進行，再陸續選派職位比以前一任交涉者稍高的人出馬。這樣一來，當對方提出要求時，我方便可以「無權作主」爲由，拒絕答覆。

也就是說，當對方提出一些要求時，我方可像蜥蜴斷尾般說：「這我無權作主，必須再和上級好好地研究。」

最後，如果不願答覆對方，也可以說：「由於這件事事關重大，牽涉很廣，因此目前還在慎重檢討。我們還是以後再談吧！」如此就可繼續拖延下去了。

●以重視感覺的語言切斷

在我們的社會上，有另一種通用的蜥蜴戰術。在前面所說的鼬鼠戰術和可使對方墜入五里霧的火遁術中，都曾經使用過此方法。

使用這方法的要訣是，在談話中突然停頓下來，而且立即改變話題。這表示「讓過去的事付諸流水」。

*採取斷定的說法

「我不喜歡這種說法」「我討厭這些大道理」「說不行就是不行」「我說的話絕對錯不了。難道你還懷疑我？」「不必討論也知道結果。不說也罷！」

採取以上這些斷定的說法，可使談話中止。如果我方是以「強者」的姿態出現，無理也會變成有理。雖然這一招不可經常使用，但若對方的年紀很大，使出這一招往往可獲致極大的效果。不過，對年輕人可能就行不通了。

＊中止思考的說法

這雖然不像斷定的說法那樣肯定，但也能切斷談話的流程。

「反正就是這樣」「無論如何，就這樣決定了。」「不管怎樣，除了努力以赴，別無他途。」

這種說法並沒有依照應有的順序進行。應有的順序是，將直到目前爲止的議論或談話的流程，合乎邏輯地加以整理，並且在徵求對方的同意後，再下結論。

當某問題討論多時却仍然無法獲得結果時（情況混亂，理不出頭緒），應以「反正……」和「無論如何……」等說法，暫時中止大家對此問題的思考，以便繼續進行下階段的討論。

此說法當然不夠理性，但在我們的社會上，這却是可通行無阻的方法。在會議中，我們經常遇到這種情形：

「時間不多，會議快要結束了，雖然各位還有各種不同的意見，但無論如何，應該進行的事還是得去做。儘管大家的意見不同，然而，在這種情況下，我們不應該再意見分歧……。」

會議中究竟決定了些什麼事，必須由以上這段話仔細推敲。

事實上，雖然召開過這次會議，但意見不同處和討論不夠充分的事項，還是要以個別談話的方式，化解對自己不利的問題。

也就是說，如前所述的那段話，可讓人由公式化的會議中掙脫出來。

◇排除不利之處

要排除不利於自己的問題，以下的說法是最典型的例子：

「關於這個論點，我覺得有必要再愼重地檢討，因此，我們這次暫時不提這個問題，以後再另行討論。」

在日常會話中，也經常使用這種戰術。

●孩子排除有關功課的話題

以下這段對話，是母親催促孩子做功課的情形。

母親：「小浩，不要貪玩，學校的功課沒有問題嗎？」（一種暗示）

孩子：「媽，妳知道嗎？隔壁的小英感冒了，而且還發燒呢！」

母親：「眞的啊？我沒聽說。你也要小心一點，別著涼了。還有，功課也是很重要的。」（再暗示一次）

孩子：「聽說小英病得不輕，連飯都吃不下。好可憐哦！」

母親：「的確很可憐。她媽媽怎麼辦呢？」

孩子：「她一直在小英身邊，一步也不敢離開，甚至連菜都沒辦法買。」

母親：「這樣啊！那麼，媽媽替他們買菜好了。」

孩子：「媽，妳眞好，小英一定會很感激妳的。還有，我也會愛護自己的身體，絕對不感冒。」

母親：「對，健康是最重要的。」

由這段對話我們可以看出，孩子成功地排除了有關功課的話題。他一直在誘導話題的進行，避免媽媽提到功課上的事。到最後，他終於排除此話題。

●切斷尾巴贈送對方的高明戰術

更巧妙的切斷戰術，是將尾巴贈送給對方的方法。這時，對方會以爲自己得手了，因而得意洋洋，事實上，對方的收獲根本毫無價値。

有個故事是這樣的：一個小孩名叫湯姆，有一天，他的姨媽派給他一份差事，叫他爲家裏的牆壁刷上油漆。於是他心情愉快地一面大聲歌唱，一面開始工作。這時，兩、三個朋友聽到聲音後，都圍攏過來看他刷油漆。湯姆知道朋友們正在看他工作，便故意加起勁地刷，好像這是很有趣的工作似的，並且不時回頭微笑著看他的夥伴們。

這些朋友們看了一會兒，其中一個對湯姆說：「看起來好像很有趣，讓我們刷一下好不好？

」湯姆回答：「不，不行，這是我的工作。這麼有趣的工作怎麼可以讓你來做？」他說完後，又開始哼著小調繼續刷油漆。

最後，這些夥伴們實在按不住好奇的心理，只好哀求湯姆：「讓我刷一下好不好？求求你！如果你肯答應，我就給你一分錢。」

這時，湯姆面有難色地回答：「不行。如果讓我姨媽看到，她一定會很生氣的。」

「如果你姨媽來了，我們會很快地讓你來刷。要是真的被撞見了，我們就一人出兩分錢給你。如何？」朋友們這樣提議。

湯姆假裝考慮了一會兒，然後宣佈說：「好吧！既然你們這麼說，我就把這工作讓給你們，可是，你們要好好刷才行。」

就這樣，湯姆將一件耗費體力的工作讓給朋友來做，並且還從中獲得一筆錢。別人的東西，看來總是好些。因此，你愈是故作珍惜狀，對方便愈想得到它，這是人之常情。

以下這種方法，是聰明人經常使用的一招。

要將某人打入冷宮，不讓他參與重要事情時，可將他叫來並故意放低聲音說：

「我現在對你說的話，你可不能透露出去哦！事實上，這個職務是我最爲重視的，以前我就老想擔任這個職務，只是苦無機會。現在，我有意讓你去擔任，不知你是否願意爲我達成心願？」

當你要一些人去進行一件困難的工作時，可一一將這些人找來，並分別對他們說：「這項工作十分困難，而且也非常重要。雖然○○和××也都參與其中，但我最信賴的還是你。希望你好好表現，別辜負我深切的期望。」

對方聽你這麼說，將會誤以爲他是所有成員中，唯一被寄予厚望的人，因此必定會全力以赴。

在日常會話中，也可使用此一方法：

當你想堅持某件事時，不妨若無其事地說，至於一些無關緊要或想讓對方去做的事，則可在談話中暗示其重要性，表現出務必自己親身出馬的態度。

別人所企求的事物，自己也想獲得，這是人之常情。任何人對辛苦得來的獵物都會倍加珍惜。因此，你可以故弄玄虛，使別人猜不出你眞正的意圖。

第六章　任意操縱對方的說話技巧

◇激發購買欲的說話方式

面對客戶時，你絕不可強迫他和你達成交易。除非對方肯購買，否則你的商品必定無法銷售出去。關於這一點，我們可由業務員的說話技巧中好好地上一課。

●消除抵抗的步驟

根據威爾遜・拉寧公司對業務員所施行的訓練，一個成功的業務員，應依照下面的順序與客戶進行交談：

(1)消除不信任感。不使對方產生「和你談話時會感到不安」的念頭。

(2)消除不需要感。不使對方產生「你所推銷的並非我要的東西」的想法，必須設法讓他心想：「或許有需要。」

(3)消除不合適感。不使對方覺得：「需要是需要，但不適合我的情況。」

(4)消除不急感。「這東西的確很適合我，而且我也很想要，但不急於一時。」這是客戶最後階段的抵抗，必須設法消除它。亦即不讓客戶再爲是否應下定決心而迷惑。

依序消除客戶「不信任」、「不需要」、「不合適」和「不急」等抵抗，才能激發對方的購買慾。如果在其中某一階段出了差錯，就無法進一步成立一件交易。

至於在各階段應以何種方式進行談話，以下將作重點式的說明。

＊消除不信任感的說話技巧

除非客戶信任業務員，否則，雙方絕無法進行談話。因此，業務員必須事先了解客戶對那些事感到不信任，並應設法消除這種不信任感。

如果你是個業務員，不妨先將對方所可能抱持的疑問一一列表，接著主動提出這些問題說：「或許你認爲……」如此便可先發制人。

客戶所抱持的疑問是多方面的，一般共通性的疑問包括：「這業務員是否爲自己所喜愛的類型？」「他是否爲我的利益而盡力？」「他是否具有可實現我所期待之事的能力？」客戶所指的業務員類型，是以穿着、舉止、措辭和禮貌等來分類，其中措辭尤其重要。

爲了表達自己願爲客戶的利益努力的誠意，不可一開始就急於推銷商品，應說：「我想和您商量一件事。」「我很想爲您服務。」此外，你也要儘量坦誠地對客戶說：「我想爲您提供更好的服務，所以，爲了××事務必來請教您。」

至於業務員的能力，則是指對商品有很深的認識，以及了解客戶的希望和立場等。

例如：當客戶提出疑問時，你必須簡單易懂地作答。

推銷高價位的商品時，如果客戶對業務員存有不信任感，任何話語他都聽不進去。因此，你必須多方推銷自己。

＊消除不需要感的說話技巧

在談話間，你必須使對方察覺出他自己的潛在需求。如果對方堅決認定他「不需要」時，你再怎麼說也是白費口舌。但是，卽使客戶口口聲聲說：「我不需要。」他也未必眞的不需要此商品，只是他尚未發現自己爲何需要它，或不覺得它重要，甚至認爲，這商品雖然有其需要性，但自己却不一定要買它。

因此，你必須設法使對方發現，你所推銷的商品，正是他想購買的。也就是說，讓他了解這種商品在他的工作上有何必要性（可為他解決問題），或對他本人有何必要性（對他有好處）。

你可以技巧地問對方：

「您有什麼問題嗎？」「在何種狀況下會出現這種問題？」「針對這點，您有何感想？」「您覺得最麻煩的是什麼事？」「您最想解決的是什麼事？」

藉著這些問話，你可以了解對方目前的狀況，以及對方的感受和想法。因此，發問的方式是十分重要的。

然而，你只是一味地發問，對方難免會表現出不肯合作的態度。

當你向對方發問時，也應同時採取「做個好聽衆」的戰術。也就是說，在你聽對方說話時，要技巧地採取誘導的方式，使對方不知不覺地說個不停。做個好聽衆的技巧和說話技巧同樣重要。本書所說的說話技巧，不只是指說話而已，聽話的方式也包括在內。關於做個好聽衆的方式，共有以下兩種類型：

▼有反應的聽話方式：聽對方說話時，必須產生正面的反應。包括點頭示意、提出一點疑問、簡單扼要地歸納對方所說的話、多方誇獎對方，以及用肢體語言表達出你的關心如何強烈等。也就是說，必須以態度和語言，充分表示你正在聽對方說話。如此一來，對方才肯表達其意見。

▼起共鳴的聽話方式：這種聽話方式除了要以肢體語言表示以外，還必須向對方說些能與他產生共鳴的話。例如：

「那時候，你一定很生氣吧？」「當時，你可能擔心長此以往，後果將不堪設想吧？」對方眼見你能體會出他的感受，當然會更加直率地說出其心聲。因此，仔細聽對方說話並體會其感受，便是聽出話中玄機的要點。

讓對方說出他置身於何種問題狀況中，以及他想採取的做法，最後，他必能發現自己「必須怎麼做」和「想要做什麼」。你可以很技巧地發問，以便使對方發現他的潛在需求。以下是推銷汽車時的例子。

某位汽車業務員希望客戶能換一部新車，但他卻不直接明說。剛開始時，他只是以聊天的方式，問對方現在所開的車子使用狀況和機器是否良好，以及有無拋錨的經驗等，接著逐漸將話題扯到「你最近對什麼事感興趣」，和「如果你要換新車的話，想換何種車型」等。最後再向客戶提供可增加生活樂趣之新車的資訊消息。

當他們彼此談得不亦樂乎時，對方才發現自己多想換部新車。也就是說，業務員終於激發了對方的購買慾。

業務員在和客戶談話時，絕不可在言談舉止中，明顯地表示希望對方買車。

至於業務員的發問方式，容後詳述。

*消除不合適感的說話技巧

當客戶認爲：「我是想買車，但這家公司沒有適合我的車子。」這就是客戶覺得有「不合適感」的情形。

如果未掌握客戶感到不合適的原因，業務員根本無從下手。關於這一點，大都可以打聽出來。例如：對方的喜好和對車子的看法、對方的立場和他的職位等。此外，如果想將車子推銷給一家公司，那麼，購買標準、決定購買的順序和手續、當時此公司的營運狀況，以及公司內部的事情等，在在都會影響「不合適感」。

例如：當一個家庭中，女主人及孩子對決定事情的影響力較大時，業務員只和男主人進行交涉，是不得要領的做法。

根據一位資深汽車業務員的說法，在向一戶人家推銷汽車時，若只有男主人一人在場，絕不可請對方作決定。直到女主人也在場時，才設法讓男主人作決定。這時，應先問：「太太，妳喜歡什麼顏色的車子？」等女主人回答後再說：「先生，你認爲如何？」如此催促對方作決定，必定可成功。如果發問時弄錯了先後順序，應成立的交易也無法成立。

消除對方不合適感的另一種方法，便是使對方腦中呈現買車後的印象，亦即使對方描繪出「滿足的印象」。

「在高速公路上，既不必踩油門也不必踏離合器，簡直像天馬行空一樣，爽快極了！」「不會發出刺耳的噪音，給人的感覺如同是在無雲的天空飛翔一般。」

要使對方在腦中描繪出印象，最好是結合對方的經驗，使用具體的例子或比喻作說明。「小姐們都說這車子好漂亮，眞想乘坐它到處去兜風。像我的朋友就這樣結交了一大堆女友……」，這是別人靠車子結交女友而獲得成功的例子。愈是說得繪聲繪影，愈容易使對方在腦中呈現相同的印象。

人們往往容易將腦中的印象誤認爲是眞實的。當此印象清晰地在腦中呈現時，人們就會迫不及待地想實現它。

爲對方描繪映象是絕不可能的事。因此，只能仔細傾聽對方所說的話，並偶爾問些問題，如此便可知道對方在腦中描繪何種印象，接著，再設法讓客戶用他自己的話使印象清晰地呈現於腦中。

「你是說，很喜歡山上的清新空氣是嗎？」「如果能暢遊歐洲古都，不知有多好……。」誘導出對方的想像後，應不斷地使他腦中的印象範圍擴張，接著要在適當時機開始發問，以便催促對方下定決心。這是「試探對方」的方法（行銷學上稱之爲嘗試成交——Test closing）。

在此使用的是所謂「錯誤前提暗示法」。

例如：對方並沒有說他要買車，但你却問他：「你喜歡白色或紅色的車子？」或「什麼時候交車呢？」也就是說，以對方「絕對買車」爲前題發問，這時，對方會產生一種錯覺，以爲自己眞的要買車而下定決心。要逼迫對方作決斷時，此方法可產生極大的效果。

要打聽出你原本不知道的事情時，也可使用此方法。

錯誤前提暗示法的應用中，有一種稱爲「飛躍法」的方法。

「關於付款方式，貸款是比較有利的，不知道您覺得怎樣？」

在對方尚未決定要買時，將話題飛快地扯到下決心要買時的手續上。這也是一種使對方產生錯覺的應用方式。

＊消除不急感的說話技巧

當對方決定「要買」時，難免還是有些猶豫，這是人之常情。這時，對方的心境必然是茫然和不安的，他會心想：「眞的値得買嗎？」其他的疑慮還包括「眞的管用嗎？」「價格會不會太貴？」「別人會不會指責我？」等。於是，他會再度考慮與衡量購買此商品後的正負兩面。如果對方是個優柔寡斷的人，即使到了此最後階段，仍然會毫無理由地說：「我看還是不買算了！」

因此，在這個時候，如果稍一鬆懈，對方就會逃掉。

在此最重要的是下列五項：

⑴**再度傾聽對方的意見**——讓對方在這緊要關頭說出心中的不安和疑問，使他有一吐爲快的感覺。當對方心中的疑慮全都消失時，他就不會再猶豫不決了。

⑵**產生共鳴**——這是一種和對方產生共鳴的聽話方式。亦卽仔細聽對方說話的另一種方式而已。必須以語言和態度表示十分了解對方的疑慮或不安。

⑶**以反問的方式應付抵抗**——到了最後關頭時，對方大都會產生以下的疑問：

「這商品眞的管用嗎？」「價格不會太貴了吧？」「我是否決定的過於魯莽？」

由這些疑問可以看出，對方心中正處於想掙脫出疑慮的狀態下。因此，業務員務必以反問的方式來應付對方的抵抗。例如：

「您是否擔心它不管用？如果它眞正有用的話，您就想買是嗎？」

(4)**使對方想起解決方案**——爲對方的疑問提示答案。這時，只要將直到目前爲止的談話內容簡要地說出卽可。爲了使對方容易整理思緒，業務員在提示答案時愈簡單扼要愈好。

(5)**催促對方作決定**——爲使對方不再猶豫，必須由外施以一些刺激或提供一點線索。這就像在化學反應中，必須有催化劑一樣。對方在鼓勵的話幫助下，必能由猶豫中掙脫出來。

在這階段的關鍵，是將優、缺點簡單扼要地作一番說明，以便催促對方下定決心。在說話技巧方面，可使用以下的說法：「萬一發生損失，也只不過是這種程度而已，但利益却是這麼大。」「優點有三個，而缺點却只有兩個。不管你怎樣比較都是很划算的。」「如果以後發生了問題，我們也會助一臂之力。」

●技巧的詢問法

一般而言，當你希望對方有所回答時，不可提出能以ＹＥＳ和ＮＯ作答的問題。但在對方猶豫不決時，想幫助他整理思緒或催促他下定決心，以可回答ＹＥＳ或ＮＯ的問題逼他作答最爲理想。

「選擇白色或紅色的車子？」（這是錯誤前提暗示法）

「優點有這麼多，缺點却只有這幾項而已。那麼，您要選A或是選B？」

這是想讓對方說出有利於我方的回答時，而使用的一種誘導詢問方式。逛百貨公司時，當售貨員問你：「要我們送至府上或自己帶回？」這時，你可能會不經思索地便選擇後者，此為人性心理的不可思議之處。

有一天，某個女孩登門造訪男友，到了她應該回家的時刻，其男友問：「留下來過夜？還是回去？」如果他改問：「回去？還是留下來過夜？」所獲致的結果將完全不同。毫無疑問的，第二種問法較能被女孩接受，亦即她回答「留下來過夜」的可能性會較大。

對她而言，「回家」是理所當然的事，但事實上，她心中又有「想留下來過夜」的潛在期待

，只是難以說出口罷了，因此，當男友問她：「回去？還是留下來過夜？」在聽到「回去」的一瞬間，她會感到失望，然而在聽到「還是留下來過夜」的下一瞬間時，她想留下來的意願就更加強烈了。

這是一種很微妙的心理。

當你在進行推銷時，要使對方的潛在需求（必要感）明顯化，詢問是最大的利器。依照前面所說的交談順序而言，爲了「消除不需要感」和「消除不合適感」，詢問者擔任極爲重要角色。

這時，質問的順序含有決定性的意味。這又稱爲SPIN法。

S＝Situation，關於情況的詢問。

P＝Problem，詢問有關對方的問題、希望、不平或不滿等。

I＝Implication，使對方發現他自己心中潛在需求（必要感）的暗示性詢問。

N＝Needs Pay・off，等對方開始發現他自己的潛在需求後，就以詢問的方式催對方說出對策（如何滿足需求）。

SPIN法中四種詢問，缺一不可，而且其順序也不可改變，下面舉例詳加說明。

這是推銷在職訓練課程的情況。

業務員：「請問貴公司的女職員需要接受在職訓練嗎？」（P）

客戶：「需要，非常需要。」

業務員：「請問貴公司有多少位女職員？」（S）
客戶：「大約六百人左右。」
業務員：「那可眞不得了。問題發生在那一階層呢？」（P）
客戶：「老職員大都較難以應付。」
業務員「本公司中堅女職員的訓練課程，對她們一定管用。」（N）
客戶：「是嗎？」
業務員：「交給本公司來辦一定沒問題。」（N）
客戶：「再說吧！」

以上這段會話若以SPIN法來看，就像括弧內所表示的一般，是依照P→S→P→N→N的順序進行。亦即P和S相反，而且少了I。如此一來，必定無法成立交易。如果想改變這種情況，必須以下面的方式進行談話。

S：「我看貴公司的女職員似乎相當多，不知大約有多少位？」
「全公司大約有六百人左右。」
P：「那麼，這些女職員是否有些問題？」
「有，問題太多了。最大的問題是老職員太多，很難以應付。」
I：「原來貴公司也是一樣。接受本公司服務的許多家公司，也都有這種情形。我想，如果她們能和男職一樣，有公平晉升的機會，她們可能會更加負責，但這事很複雜，最好還是以其他方式使她們負起責任，除此以外，別無他途。」

「我也這麼認爲。例如，讓女性的老職員去指導新進人員。」

I：「好構想。聽說○○公司也採用這種方法，效果不錯。前些日子，××報還曾經報導過呢……。」

「眞的啊，我沒聽說過。送一份剪報資料給我如何？讓我愼重地考慮一下。」

N：「沒問題。正如您所說的，以這種方法對付女職員十分有效。是否需要我們爲貴公司擬訂在職進修的方案？」

「嗯，不錯。而且，我也需要那份剪報資料，好讓我們作政策性的討論。好吧！貴公司的意見不妨提供給我們作爲參考。」

接著，要進入「消除不急感」的階段。這時，傑出的業務員，必須應用獨樹一幟的說話技巧。

業務員說話的主要內容，大致可分爲三類：

「宣傳商品、服務特徵」「宣傳商品、服務效果」「表達出能以商品或服務，滿足或解決對方所說之潛在需求」。

大肆宣傳效用，容易導致對方反駁。如果只宣傳其特徵，以及說明價格是否划算等，較易成爲彼此的話題。

總而言之，話題都要集中於滿足對方的需求這點上。

●進行交涉時的說話技巧

在交涉中佔優勢的人，大都具有共同的模式。此模式應針對整個交涉過程使用。

⑴**發問前應先預告**。例如：「我有件事想請教您……」或「我有些意見，不知您是否願意聽？」這種說法，可讓對方作數秒鐘的思考，而且也可消除對方的不安感和警戒心，因爲，任何人在聽到他人突然向他發問時，都難免會產生戒心。

在和對方談話前先說一聲：「我想請教您……」對方往往難以拒絕。

⑵**否定用語應放在最後**。這是很重要的原則。即使你想提出反對的意見，也不可一口開就說「不」。

此外，「我反對你的意見。依我看……」的說法也必須避免。因爲，如此一來，對方將會感情用事地極力反駁，再也不肯聽你說話。在這種情形下，應如下進行談話：

「你的意見是針對這點來說。但關於這一點，我有理由……這樣想。」也就是說，不要使用「我反對」的斷定說法。而由這番話的組織結構來看，也不難看出「的確如此，但……」的方式。

(3)**爲達各種目的，必須分別使用不同的詢問方式**。例如：要蒐集有關對方的情報資料、要調整交涉的步驟、要延長時間以便改變戰略等，都必須適當地運用詢問的方式。一個優秀的交涉者，其發問次數是常人的二倍以上。

(4)**爲確認對方的了解度，爲他說明一番**。在發問時，爲確認對方是否完全了解雙方所同意的事項，講到要點時，應稍作說明。對方有時會自以爲是地誤認爲自己已全盤了解，因此，你必須以說明的方式確認他是否眞正了解。此外，只要你能了解目前交涉進行到何種程度，並掌握議論的主題，就可使交涉順利地進行。

◇使對方不知不覺上當的修辭法

這裏所謂的修辭法，是要以三寸不爛之舌使對方上當的方法。這也可說是語言的圈套。亦卽技巧地利用他人心理上盲點的方式。

●重視言辭的編排

前面所介紹過的錯誤前提暗示法，是將尙未決定的事，當作已經決定般地繼續進行交涉。當顧客爲了買或不買而三心兩意時，你問顧客：「你要A或B？」如此一來，顧客就會以購買爲前提，而開始考慮要選擇那一種商品。

在如前所述之女孩訪男友的例子中，其男友若以「回去？還是留下來過夜？」，或「留下來過夜？還是回去？」這兩種不同的方式問她，所獲致的回答將會完全不同，以第一種方式問她，她會留下來過夜的機率較大。

在既誇獎又責罵別人時，隨著先罵後誇獎或先誇獎後罵的不同，結果會完全不一樣。先罵後誇獎的方式較理想。因爲這樣一來，誇獎的話語會在對方心中留下更爲強烈的印象。

同樣的道理，要說出反對的意見時，也不可一開口就說：「不！」應該改說：「是的……可

是……。」

例如：「是的，你所說的話我懂。『至於』我的看法是……」這時，與其強調「可是」，不如說「至於」，這是使對方誤以為你已改變話題，而避免引起對方反感的有效手段。此方法可避免對方在你說話前，擺出反駁的姿態。

另一種說話技巧，是你有求於對方時，先由微不足道的事情談起，接著再逐漸提到你眞正想請求他的事。

「我想佔用您一點時間。不，沒什麼大不了的事。對，只要五分鐘到十分鐘的時間就夠了。」

首先這麼說，對方必定難以拒絕。因此，第一個步驟就是，成功地見到顧客。

此外還有一種可產生相同效果的方法，亦卽先刻意提到你和對方的一致處，等對方掉以輕心後，再提及不同點。當你刻意提出彼此的一致之處以後，對方便難以針對相異點提出反駁。說來眞是不可思議，只要你刻意渲染彼此的一致處，對方就會覺得那些相異點眞是微不足道。

●使用語言的魔術

說話的技巧也可比喻為一種魔術。當你分別以「你眞是混蛋」，和「你竟然也會做出這種事」，兩種說法來責罵對方時，對方的感受將會截然不同。

「你竟然……」的意思好像是「我對你的期望最大，沒想到你竟然也會做出這種事。眞令人遺憾。」

當他人對自己有殷切的期望時，如果自己辜負了別人，難免會好好地反省一番。因此，「你竟然……」的說法必能產生效果。

如果要讓對方相信你，不妨應用限定的說法：

「關於這件事，可考慮三種原因。第一種原因是……」「這問題的要點可概括爲四點。第一點是……。」

一開口就將內容加以限定，對方較容易相信你所說的話。他會認爲：「既然他能整理得這麼條理清晰，應該是錯不了才對。」

說話很有技巧的人，有時說「總共有三點」，其實並沒有舉出三點來。只是對方往往忽略了這一點。

此外，數字的圈套也經常被使用。

依據統計數字，定價爲「九十九元」的商品，大都比定價「一百元」的商品暢銷。雖然這兩者之間只相差一元，但顧客却總覺得自己買了便宜貨。

「百分之六十的國民都使用它」比「許多國民都使用它」更具說服力。由於人人無法一一追究數字的根據，因此，只要你說得出數字來，人們便會誤認爲這是眞實的。在現實社會中，「數字中毒患者」非常多，因此，卽使說話時不加以適當地修辭，只要虛構些數字也能產生同樣的效果。

另外有種比喻的說法，也是很技巧的說話方式。不過，對方必須能理解此比喻的意思，否則雙方就無法溝通。

有人說：「這是五十步和一百步，其實沒什麼差別，不這麼做又有何妨？」以商業常識來看，我們知道五十步和一百步之間，差異是非常大的，但若以比喩的說法說出，乍聽之下頗能讓人接受。

「大家也都……」的說法也能產生極佳的效果。尤其對凡事都要顧及體面的國人而言，這是一種十分有效的修辭法。

「大家也都有意請你協助。」

「大家也都說不能贊同，你該怎麼辦呢？」

「大家」的說法，可在聽者心中產生一種無形的威脅。事實上，針對此種說法的反駁很容易，只要說：「你所謂的大家是指誰和誰？一一擧出來吧！」如此就行了。

然而，這麼冷靜的人却是非常少見的。

●出人意料之外地操縱對方

當你要推銷汽車時，可先態度自然地和對方聊天，接著再告訴對方：「您的車子還可以開很久。換新車未免太可惜了。」由這一刻開始，對方便會開始信任你，卽使你不主動提出，對方也會逐漸將話題扯到買車的事情上。

原來這種說法具有催毀對方防衞架勢的效果。在這以前，這位顧客一直認爲：「汽車業務員爲了推銷車子，什麼藉口都說得出來。」

要阻止一個有心尋死的人跳樓自殺，是件很困難的事，但到了逼不得已的時候，不妨說些令對方感到意外的話：

「你旣然這麼想死，那麼，死給我看吧！」「快，現在立刻跳！」當你如此怒吼時，對方很可能在一瞬間呈現虛脫狀態，最後喪失了跳樓的勇氣。

一個想跳樓自殺的人在聽到以上的話後，大都會感到非常意外。事實上，在這些人的心中，都有「關心我」和「別拋棄我」的潛在念頭。

如果你說出傷害或否定對方的話，亦卽和其潛在意識相反的話時，他的行動就會受到限制。

在著名的故事——「國王的新衣」中，就有出乎人意料說法的例子。

有個國王想擁有一套全世界最華麗的衣服。於是，他便公開徵召裁縫師，不久，來了個男子。國王就命令他縫製衣服。性急的國王擔心進度不夠快，因此特別跑到裁縫師那裏去，要他拿出正在縫製的衣服。但裁縫師却說：「陛下，這套衣服所用的布料，是世上獨一無二的，這套衣服只有誠實的人才看得到。當然，陛下自會看得非常清楚的。您看，是不是縫製得不錯呢？」裁縫師說著，假裝將衣服拿給國王看。

國王雖然什麼也沒有看到，但卻直說：「不錯、不錯，眞想立刻穿上。」說完就回去了。

當衣服完成以後，國王穿著新衣在街上大肆遊行，雖然每個人都只看到裸體的國王，然而，大家却還是讚美說：「哇！好漂亮的衣服！」

最後，一個年紀很小的孩子揭穿了衆人的謊言，他大叫：「哇！國王光著身體！」

在以上這個故事中，裁縫師所使用的便是技巧地攻人弱點的修辭法，和它相似的使用法，在日常生活中比比皆是。

「因爲您是這方面的權威，所以當然了解我的意思，希望您能協助我。」

如此先發制人，對方往往難以反駁。

「在場的各位都是幹部，對於這個問題，應已了解得一淸二楚，所以，我不再特別說明。」

其實，只要你指摘出問題，就能使他們發現出原本沒有發現的事。

但他們卽使沒有發現到問題點，也不敢要求你作說明。因爲，「我不知道，請你告訴我。」是十分沒有面子的話。

◇集團催眠式的說話技巧

自古被稱為領導者的人，都極擅長使用這種催眠式的說話技巧。他們的說話技巧，有許多值得學習之處。

●活用集團的壓力

活用集團力量的方法，可如意地改變強硬的反對意見。

首先，在開會以前，必須攏絡可能會站在我方這邊的人，其目的是使反對者成為反對派。

會議開始後，要先讓反對者充分表達反對意見，直到說完為止。接著，再由我方的擁護者提出意見。

領導者（自己）在這種情況下，應很巧妙地向擁護者提出詢問，將局勢扭轉成有利於我方的局面，並在找到適當的機會時，以下面的說法加以歸納：

「我很感激大家都能坦率地提供寶貴的意見。各位的意見大致上都已提出，我會尊重各位的意見而作決定。」

這樣一來，反對者可能不會再說出意見，因為，他們已有了言無不盡的滿足感，而且無論如何，他們都知道大多數人的意見和自己的看法不同。

於是，他們會自我安慰地說：「該說的話我都說了，我的意見當然也會被採納。」

我們可由這個例子看出，當集團中的大多數人和少數人意見不同時，即使少數人想要反對，也難免會受衆人壓力的影響。這就是在強大的勢力之下，感到孤立無援的心理。

以下舉一個藉著集團壓力使人的態度和行動有所改變的實例。

有一次，某地的人們爲了改善當地的飲食習慣，因而推行吃牛內臟的運動。原來在這以前，當地人向來是將牛內臟棄而不吃的。

在推行此吃牛內臟運動時，當地的主婦們被分爲兩個群體。首先，由專家向一群主婦詳細說明內臟是營養豐富的食物。

而另一群主婦則在聽過簡單的演講後，分發一些資料，開始進行小組會議。其主題是「如何使內臟加入我們的飲食生活」。會議進行時，專家一直在場，但他只在有人發問時才回答。無論是聽詳細說明的主婦，或是開小組會議的主婦，兩群人所花費的時間是相同的。

後來，經過追踪調查後發現，兩群主婦產生以下兩種不同的結果：

▼只聽詳細說明的一群主婦，回家後將牛內臟端上餐桌的比例相當高，但後來其比例却迅速降低，最後終於不再吃它。

▼召開小組會議的一群主婦，剛開始時，對牛內臟顯得並不熱衷，但後來却逐漸將它端上餐桌，雖然有些主婦最後還是不肯吃它，但在這一群人當中，吃牛內臟的人一直維持著很大的比例。

也就是說，曾開過小組會議且相互交談，對小組成員的態度和行動都有極大的影響。她們所以較熱中於吃牛內臟，可能是因爲不願採取和他人不同的行動，而且，由於大家都這麼做，因此較會勇於嚐試。

●為眾人的慾望賦予適當的名義

自古以來的領導者，都能爲人們潛在的本心（慾望），賦予適當的意義（稱之爲名義），而倍受人們擁戴。

在這方面具有天才能力的人是希特勒。

德國在第一次世界大戰中戰敗，被課以天文數字般的懲罰性賠償金。因此，經濟完全瓦解，全國到處充斥著失業者，而中產階級的生活也瀕臨危機。在這種情況下，德國人都期待「救世主」早日出現。於是，希特勒便挺身而出，響應人們這種潛在的慾望。而且，還以動聽的說辭粉飾他的野心……。

他登高一呼：「德意志民族，是世上唯一的文化創造民族——Aryan人（指在納粹德國除了猷太人之外的白種人）所組成。Aryan人，是可爲了建設更大的共同體制而犧牲個人財產和生命的種族。就因爲如此，Aryan人可說是最優秀的民族。而這種犧牲精神正是創造人類文化的前提條件。

創造者經常是孤獨的，人們對他幾乎無以爲報，然而，必須有此精神，才能使後世的人們過著豐裕的生活，並締造偉業。當然，我們自己本身仍然無法獲得幸福，而生活也沒有改善的跡象，每天只是忙碌地工作。卽使大家尚未發現到這深一層的意義，但我要告訴各位，其實在大家的內心深處，都有此崇高的理念。」

於是，希特勒就這樣將侵略戰爭正當化，而將全部的德國人都捲入這戰爭的漩渦中。

這眞是十分堂皇的名義。德國人爲了由戰敗後的陰影中掙脫出來。當然企求強而有力領導者的出現。

希特勒對其同胞的看法是這樣的：「大家既不是外交官，也不是法學家。他們可比喻爲孩子們，由於缺乏理性判斷的能力，心理很快便會開始動搖，因而產生疑惑和不安。大多數的民衆都不夠冷靜，而且遇事也不肯深思熟慮，凡事只作草率的思考，並意氣用事地採取行動。」

基於此種想法，希特勒以最大限度採取了訴諸人們感情的方法。他不斷地召開盛大的集會，而且固定在黃昏時分舉行。這是爲什麼呢？原來黃昏時分正是人心最不穩定的時刻。在這個時候，人們大都理性衰退，而讓感情抬頭。

這時，希特勒以簡潔的話語，反覆不斷地叫喊，並讓大衆在一旁附和。這是多麼壯觀的場面！幾乎無人不被這種氣勢所呑噬。人們覺得自己都成了偉人，必須投下身家性命爲神聖的目的而犧牲。不僅大人如此，甚至年輕人和孩子，也都難逃希特勒的這種催眠術。

首先將此說話技巧應用於行銷戰術上的，是所謂的「銷售會」方式。其方法是先租下乾淨的場所，然後在開頭時介紹幾位太太。讓這幾位太太在會場中大肆宣傳：

「如果將它買回去，老公一定會非常高興。」

「會買這種東西的太太，必然是賢明的主婦。」

「大家都買了，唯獨妳不買，多可惜啊！」

等大家的心被這些話打動，且關心度逐漸升高後，主持這銷售會的人便登高一呼說：「像這種廉價的拍賣品並不是經常有的。貨只剩下這些，而且銷售會只舉辦一天，要買要快，以免後悔！」

接著，他會再補充一句：「如果使用後不滿意，也可以退貨！」只要其中有一個人購買，其他人也會一窩蜂地跟著搶購起來。這是在「別人都買了，唯獨自己不買，多可惜！」的心理作祟下所採取的行動。

只是，當這些太太回到家後冷靜一想，必定會發現自己眞傻，怎麼可以衝動地買下這些東西呢？然而，這時後悔已經太遲了。雖然賣者當場說得很好聽，但若將東西拿去退還，對方必定不肯接受。

以上所說的，都是善於利用人性的弱點，而使自己得逞的例子。這其中有許多値得我們學習之處，只要你應用得當，定可爲社會和組織帶來無比的活力。

●企業目標可改變一家公司

這是發生在某家公司的事情。有一家樂器製造廠商，在出現赤字時換了董事長，新董事長上任後，一開始就宣佈說：

「直到目前爲止，本公司的經營是以商品和金錢爲中心。但從今以後，本公司的經營方針必須重視人和心。我要讓本公司成爲世界第一流的樂器公司！」

員工將這些話聽在耳裏，自然是當成耳邊風。但這位董事長從不放過任何對員工講話的機會，每一次，他都充滿信心地說：

「如何才能使本公司成爲世界第一呢？很簡單，首先，我們每一個人都必須成爲世界第一流的人。世界第一流的樂器，當然是由世界第一流的人製造出來的。那麼，怎樣才能成爲世界第一流的人呢？這也很容易，只要由身邊的瑣事做起卽可。例如：早晚打招呼的方式，必須是世界第一流的寒暄。」

又有些時候，他會用十分和藹的語氣說：

「所謂以人爲中心的經營，最重要的是，必須讓全公司的員工來上班時，都充滿幸福感。然而，我們在什麼時候會感到幸福呢？當我們忙碌了一天，要回家時心想：『啊，今天工作得眞起勁！』心中除了有成就感，更有滿足感時，這就是幸福！我們何不建立像這樣的公司呢？」

剛開始有些不知所措的員工，在了解董事長的心意後，其想法和行動便逐漸能與董事長配合。於是，從此以後，這家公司的營運，都由該公司的員工積極參與。

凡是曾和這家公司有過交易的人都異口同聲地說：「這家公司的員工眞令人讚賞。他們目光烱烱，工作起來幹勁十足。而且，向人打招呼的方式也是獨樹一幟的，眞不愧爲世界第一流的寒暄。」

這家公司很快便改善了業績，並且後來也一直順利地成長。

其原因是，新董事長使全體員工了解何謂工作的意義。人們對有意義的工作，自會充滿強烈的意願。尤其是年輕一代的人，總是不斷地追求美夢和浪漫，雖然現代社會無法給他們這些，但前面所說的董事長，却能使他們獲得滿足。

最近，企業統合理念(Corporate Identity)的重要性已受到重視。它可讓社會上的人們覺得「這是有其特徵的公司」。企業統合理念除了要向社會呼籲外，更應先向公司員工呼籲。

當員工由衷地相信「本公司是朝此目標前進」時，這家公司的所有活動都會顯示出這一點。例如：首先宣佈「本公司要創造生活文化」，接著反覆不斷地向公司內外傳播此訊息，於是，員工便會覺得朝向這種創造性目標而努力以赴，是很有意義的工作。而公司外部的人，也對此種公司深具好感。在此情況下，這家公司無論是銷售商品的情況或提供服務的情況，都能漸入佳境。

第七章　自我推銷時的說話技巧

◇使對方認爲你很聰明的高等技巧

任何人都會以自己的觀點去看事物。當然，人都是以自我爲中心的。

相反的，你也可以使對方看見他想看到的東西。

當我們說：「那個人很好。」其實只不過意味著「那個人看起來像是個好人」，以及「我很想將他視爲好人」罷了，但聽者往往會將這兩個念頭結合在一起，而在腦中塑造出「那個人很好」的形象。

如果你想使對方覺得你很聰明，只要在其腦中塑造此形象即可。

●使對方認為你是萬事通的說話技巧

人們眼見他人知道自己所不知道的事，難免會對這位「萬事通」另眼相待。而且，當某人在某方面表現得很優異時，人們往往會認爲他在其他方面也會表現得很優異。

有一位評論家，由於發表他對女性問題的看法，因而一舉成名。不久，便有許多人向他討教國防、教育等問題，儼然將他視爲學識淵博之士，事實上，關於這些問題，他並沒有作過獨到的研究。

這是心理學上所說的「月暈（Halo）效果」產生作用所致。只要人們一旦對你深信不疑，你所說的話，他們都會相信。因此，無論採取任何方法，先決條件就是要使對方信任你。

戰術的要點在於如何使對方給予你最初的評價。因此，必須採取「一點豪華主義」。也就是說，要詳細並徹底地掌握某一件事情。

例如：利用出差而和同事或上司同住在一家旅館的機會，指著旅館牆上的畫或匾額等，不厭其煩地說明作者的作風、當時的時代背景，或者有關作者的趣談等。這時，由於大家正閒得無聊

，因此，必定會對你所說的話十分感興趣，此外，大家還會非常佩服你，並且認爲：「這傢伙不簡單！」

在談話中，引用對方所熟知知名人士的話，也具有同樣的效果。其要訣是，千萬不可炫耀自己知識豐富。

「近年來，中老年人眞是愈來愈不好混了。」

「是啊！孔子說：『四十而不惑。』其實，現代人却是『四十而惑』呢！」

「的確如此。」

「像××大學的○○教授就曾經說過，中老年人患精神病的比例增加，主要是對這時代感到難以適應所致。」

在應用知識時，必須注意TPO（時間、地點、情況）。

此外，還有一點是非常重要的。你絕不可輕易地侵犯對方感到自負的部分。因爲，這將會損傷對方的自尊心。

不過，在聽完對方長篇大論的解說以後，你不妨先表達欽佩之意，接著說：「事實上，關於你所說的這一點，也有其他的調查結果顯示……」，若以此方式將對方所不知道的知識或資訊消息提供給他，對方反而會更加佩服你。

●整理之後加油添醋

有時候，當大家在一起聊天聊得正起勁時，你總覺得自己說不出什麼一語驚人的話。可是，你也不必過於擔心，即使在這種情況下，你仍然可以設法在他人的心目中留下深刻的印象。

你只要靜聽大家說話，等大家說完意見後，你再說：

「最後，我想說句話。我認爲各位直到目前爲止所討論的，大致上是……。我完全同意，只是，我覺得這件事必須再考慮……這一點，不知各位覺得怎樣？」

由於你已充分掌握衆人談話的過程，因此既可準確地整理出其要點，又能了解大家的想法。你只要將衆人的說法整理一番，便可讓他們覺得很有面子，而且，大家也都會感謝你。

這眞是十分巧妙的說話技巧。雖然只添加一句自己的意見，但却能在衆人心目中留下深刻的印象。

所謂「欲速則不達」，發言的重點是，應選在最有效的時候說出。

●使人認為你條理清晰

如前所述的「限定說話技巧」也很有用。

在打開話匣子時，先說：「要分析這個問題，有三個著眼點。第一……」如果說話的人將要說的話整理得條理清晰，聽衆就較易了解其內容。如此一來，大家必定會對此說話的人具有好感。

既條理清晰又合乎邏輯地推進話題，也具有相同的效果。關於這一點，必須應用辯論的三要素和三段論法等。

「A經常無故遲到。」（事實＝證據）

「根據員工服務章程○條×款規定，無故遲到的次數多者，可施以懲戒處分。」（論據）

「A的情況符合此條款，所以應施以懲戒處分。」（結論）

像這樣的例子較單純，因而看不出它合乎邏輯，若是較爲複雜的情況，就比較容易看出其邏輯性。

當然，你若能條理清晰地說話，別人給你的評價必然是：「他的頭腦很好。在談話時，他一向顯得很謙虛，而且有條有理。」

在此必須注意的一點是，不可讓對方覺得你在故弄玄虛，或喜歡說歪理。與其合乎邏輯地與人談話，不如將要說的話好好地整理一番，以便使對方更易了解，接著，再按照順序一步步地推進，這點是最重要的。

●必須反應靈敏勿結巴

有些人天生伶俐，口才又一流。聽別人說話時，總能很快地了解，並且得體地對答。他早已料到對方要說些什麼話，因此總能適當地加以應付。

如果你想在對方心目中留下良好的印象，必須遵循以下的作法。

只要對方開口說話，你就不可保持沉默，任何得體的話都可以說。接著，再思考一下你眞正想說的內容是什麼就行了。無論如何，「沉默是金」已不符合時代的潮流。

說話時，絕不可結結巴巴的令對方感到焦急，如有爲難之處，不如採取施延戰術說：

「的確是如此。關於這一點，我也考慮過很久，確實是難以處理。但無論如何，總要設法解決。也就是說……。」

如此多拖延一些時間，將對你有利。

要應付其他的狀況時，可將以上的方法稍微改變一下。如果你不大了解對方的話，或當對方徵求你的同意，而你却不明瞭其話中的意思時，該怎麼辦呢？

這時，如果你再三詢問，恐怕對方會因此而認定你是個「頭腦很差」的人，因此，不妨含糊地對答。

「我覺得……，你認爲呢？」

「嗯，還不錯。」

「這麼說，你是贊成××囉？」

「我覺得這是很好的想法。」

雖然你已經回答了，但却又沒有明白地表示出你的意思。在此情況下，對方會以爲你已了解，因此繼續進行談話。

你除了含糊作答以外，也應提出試探性的疑問說：「也有像……的想法，你認爲如何？」以此方法嘗試了解對方話中的內容。

可是，同樣的一句話反覆地說，難免會被對方視爲一個頭腦差勁的人。這時，必須儘量設法不使對方發現你在炒冷飯。

你千萬不可讓對方覺得：「這一點剛才不是已經說過了嗎？」

因此，你必須搶先說：「我知道，關於這一點，我剛才已經說過了，但我們何不在此重新確認一下呢？」當你使對方覺得你是在有意識的狀態下炒冷飯時，對方就不會認爲你頭腦不靈光了。

相反的，由於你能結合前面說過的話和現在所說的話，對方反而會認爲你很聰明。

●隨機應變突破僵局

你若能以語言隨機應變突破僵局，人人都會十分欽佩你。

下面舉個例子。

在一家商店中，一位顧客不小心讓手上的貨品掉落，以致於擊破玻璃櫃。這時，店員很快地跑過來，要求這位顧客賠償損失。

可是，顧客却一口咬定說玻璃櫃陳設的位置失當，才是他打破玻璃的最主要原因，因而不肯輕易退讓。當雙方在爭執不下時，許多顧客都圍過來觀看。

這家商店的店長看到這種情形，便說：「那個玻璃櫃已經用過許多年了，我早就想換個新的。這樣也好，我可以藉此機會下定決心。謝謝您。」

後來，這位顧客覺得不好意思，於是跑去向店長道歉說：「我剛才因爲一時氣憤，才說了些不禮貌的話，其實這應該讓我來賠償。」

店長回答：「不，我是眞的想換個新玻璃櫃，您的好意我心領了！」

當然，這位顧客日後就成爲此商店的忠實顧客了。

◇使對方相信你能力超群的說話技巧

當人們認定某人「能力超群」時，也就等於是相信此人的言行，不會辜負衆人的期望。在這種情況下，此人是否眞的能將所有的事付諸實行，根本不成問題。只要此人設法使衆人相信他眞的實行了，大家便會對他投以欽佩的眼光。

●使對方認為你很有勢力的方法

能夠影響衆人的力量，稱爲勢力。

產生勢力的來源，可分爲以下六種：

「本人與生俱來的能力」「學閥、財閥等」「在編制上佔有正式的職位」「業績」「專業性的知識和經驗」「人際關係」。

其中後面這三項，可藉著個人的努力從中產生勢力。

勢力會成爲主宰各種事物的力量。每個人都是爲了獲得一些事物，因此才每天採取某些行動。所謂的事物，不只是指金錢和物品而已，任何人只要具有勢力，不僅可獲得資訊情報，還可支配別人，使自己佔有社會地位、獲得他人的感激與尊重等。

也就是說，人們只要具有勢力，便可主宰一切事物，且任意操縱別人。

勢力，的確是主宰各種事物的力量。

要讓自己具有勢力，只要使對方相信你在主宰事物，或者，使他認定你有主宰的能力便行了。

你要設法使對方相信你有決定權。尤其是要放出空氣，使對方認爲你握有人事大權。

如果你想使對方相信你是具有權威的專家，必須使對方相信，你可掌握專門性的知識經驗與有關的資訊消息。

此外，你要使對方相信你和重要人物之間有所聯繫。

如果可能，最好使對方認爲你在某部門擁有極大的權力。

例如，你可以應用以下的說話技巧：

「關於這件事，想請您批准。」

「這很難以決定。讓我考慮一下。」

對方聽你這麼說，必定會暫時先回去。事實上，你根本沒有權力決定這件事，而是應由別的部門來決定。但只要你能和有決定權的部門取得聯繫，並且最後由你來處理，就可使對方相信，這件事是由你決定的。

如果你想讓對方採納你的意見，除非對方承認你是專家，否則絕無可能。這時，你最好先展示過去輝煌的成果，但這一點有時會辦不到。在這種情況下，只好讓對方看你刊載於專業雜誌上的論文，別無他法。

在談話中，也可藉著詢問的方式「證明」你是專家。

當大家在談論某個話題時，如果你針對此話題自動說出意見，恐怕會留下破綻。你不如設法「詢問」對方，效果將會更大。卽使你並不懂在談話中所涉及的專業知識，仍然可用較爲含糊的語句詢問對方。無論你以何種方式詢問，對方一定會儘量找出重點來回答你。因爲，對方若無法作答，勢必會損及他自己的顏面。

例如，你可以問對方：

「你認爲他的優點和缺點是什麼？」

等對方回答後，你再說：「我也這麼想。我很佩服你能掌握住重點。那麼，你有任何可克服缺點的方法嗎？」

諸如這一類的話，都可用來詢問對方，卽使你並不懂對方所說的內容，也無關緊要。

這樣一來，對方必定會誤以爲你知識豐富。

另一種方法，是借助於從別人那裏所聽來的話。例如：

「據說A在那方面是很了不起的權威，你怎麼連這一點也不知道呢？」這一招定可獲致極大的效果。

你所提及的愈是重要人物，所獲致的效果將會愈大。使自己獲得勢力的要訣，就是讓對方相信你與大人物之間有所聯繫。例如：

「前幾天我見到了A，他一看到我就說：『你最近怎麼不來了呢？』眞是的！」

當然，事實上，你並沒有去見A，但這又有何妨呢?其要訣是，你必須若無其事地說：「我和A曾經是同事。」「B曾經是我的上司。」「我們現在還是常常碰面。」

為了使對方深信不疑，當A或B出現在你和對方的眼前時，你應故意靠近A或B，然後說些得體的寒暄話，例如：「大駕光臨，眞是蓬蓽生輝。」這時，周圍的人看到這種情形，便會認為你們是在進行私人交談。這可說是非常技巧的表演。

此外，為了使對方相信你辦事的績效，應掌握所有的機會說出你曾經獲致的成果。雖然由別人代你說出的效果將會更大，但你也不可一味地空等。因為，他人或許不願為你宣傳。

為了很自然地宣傳自己辦事的績效，必須採取如下的說法：「我想，像我以前曾經處理過的這個案子，和這問題或許有些類似之處，所以說出來供大家參考。」

如果動不動就很驕傲地說出自己以前的成就，將會引起他人的反感，別人會認為你是在刻意地推銷自己。但若改說：「對於你的問題，可能有可供參考之處。」這樣就中聽多了。

當然，在你說出以往的辦事績效時，稍微誇大其辭也無妨。最好是讓別人以為，所有的事都是你獨立完成的。

「我是這麼想，所以才採取這種方法……」在這裏的要點是，必須刻意強調你自己。即使所實施的方案中，僅有一部分是你稍盡心力的，但你這樣說，別人會誤以為此方案是由你獨力進行。

由於對方無法確認你談話中的內容是否正確，因此只有相信與不相信這兩條路可走。如果你能使對方相信你話中的一部分，對方就會全盤深信不疑。

只要你一旦塑造出「能力很強」的形象，凡是你所說的話，對方大致都會相信。這也是「月暈效果」所導致的結果。

●利用對方的錯覺

人們往往會有一種錯覺，以爲在組織中忙碌不堪的人就是大人物。因此，如果你想在對方心目中塑造出你是大人物的形象，只要使對方認爲你是個「大忙人」就行了。

在和對方談話時，你可以若無其事地打開備忘錄要對方先約定時間，接著像給他面子般地說：「啊！糟了，我正好在這時間有點事，不過，沒有關係，我會設法撥出時間的。」

或者，在約定時間時不立卽決定，先說：「等我和其他的約會調整一下時間後再說。」

此外，還有一種方式，如果有人來找你，卽使是事先已經約好，你也應該說：「抱歉，現在我有急事待處理，請稍等。」類似這樣的方法，大都使用於要使對方感到焦急的作戰中，但若要僞裝成你是個大人物，這一招也很有效。

◈受衆人歡迎的說話方式

受人歡迎的說話方式，包含下列幾項要素，如：謙虛、寡慾、幽默、肯照顧別人等。下面將具體說明如何應用這些要素。

●靠謙虛塑造寡慾的形象

要受人歡迎，只要能響應人們深藏在內心深處的慾望就行了。所謂的英雄或偶像，就是可實現人們願望的人。

在受人們歡迎的人物中，必有謙虛、寡慾的人。這可能是因爲大多數的人都無法這麼做，因此才特別崇拜這些和自己不同的人。

上班族若想獲致成功，其原因之一便是「謙虛」。如果上司指示你去做一件人人避之猶恐不及的工作，你應該立卽接受。

相反的，愈是對自己有利，或愈容易的工作，你反而必須推辭說：「我恐怕無能爲力。」因爲，在此情況下，你喜出望外地一口答應下來，難免會使周圍的同事感到眼紅。雖然他們表面上還是保持風度地爲你感到高興，事實上，心中所想的全然不是這麼回事。

在你受表揚時也是一樣。

如果只有你一人受到表揚，其他的人難免會心想：「要不是我們，就憑他……」因此，你必須採取低姿勢對有關的人說：「我是代表各位接受表揚的。」

這樣一來，人們便會認定你是個「謙虛的人」，而更加樂於和你接近。

同樣的道理，當你要提出意見或請求時，絕不可讓人看出你是在爲自己的利益打算。任何人對於這一點都是相當在意的。因此，無論在何種情況下，你都要說：「我無所謂，但爲了公司著想，一定要這麼做。」或者說：「我是爲了大家好才這麼做的，至於責任一概由我來負。」

因此，你必須標榜原則或名義，人們才會附和你的作法。人們畢竟不會輕易顯示出他們眞心的慾求。

也就是說，最受人們擁戴的，是大聲疾呼所謂的原則或名義，事實上却能響應人們眞心慾求的人。

你的行動原則，必須探求人們內心深處的慾求，只是，在滿足那慾求時，還應大力標榜原則的口號。宣傳廣告就是最典型的例子。「我們爲女性的幸福而努力」，這是化粧品公司的廣告。由於要分辨其原則和心聲十分困難，因此這是非常具有效果的廣告。

●成爲詼諧的高手

「易於親近的人」和「有趣的人」是最受人們歡迎的。因爲這些人所到之處，都充滿了歡樂的氣氛。

任何人都喜歡尋求開朗快樂的事。歡笑是人人企求的。

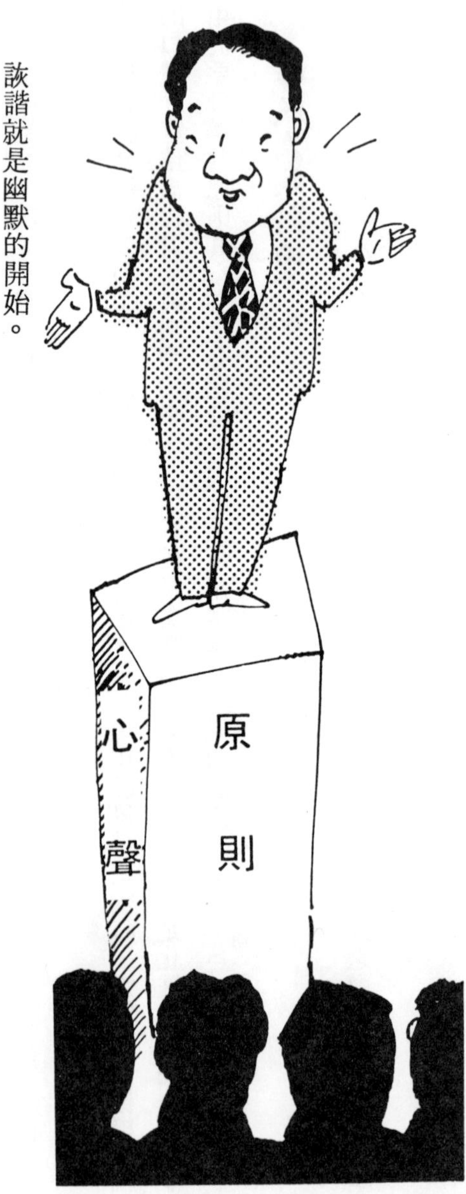

詼諧就是幽默的開始。

我們可在日常生活中，經常使用詼諧的語言，使周圍充滿了歡笑聲。

●為人跑腿

如果你肯爲人跑腿，任何人都會喜歡你。像萬事通便是這類人。由於大家都想獲知一些消息，因此在公司中，熟知幕後消息或馬路新聞的人，是最受歡迎的人物。這些人往往可主宰資訊消息的來源，而厚植自己的實力。

為了受人歡迎，對消息的內容和運用方式還要多用些心思。

首先，內容應選擇誇獎對方的一類。至於應用方式，應使用「××（人）說……」的說法，任何人都會介意自己在別人心目中的評價。對於一個直接告訴他時，他便會起疑的人而言，如果改採間接的方式，他就會信以為真。

此外，如果不借助於資訊消息，徹底地為人跑腿也是受人歡迎的方法。這種做法會讓人覺得你「有恩於他」，或者覺得你「很有趣」。

因此，你應該勤快地去看對方，並說上幾句短短的寒暄話，例如：「老兄你好，近來如何？」這時，對方很可能會問：「你最近有沒有聽到一些消息？」於是，你就可以悄悄地告訴他，對方想聽的一些外界對他的風評。這樣一來，對方必定會心想：「這傢伙真可取。」

●言談中應加入表示謝意和誇獎的話

任何人都重視自己。因此，無論自己做出什麼事，即使說歪理為自己辯駁也在所不惜。也就是說，人人都會為自己的行為找藉口，並盡一切所能地來守衛自己。

一個不受女職員歡迎的男子，就是太忽略了這一點所致。

「喂！妳來做這件事！」一個男子以粗魯的口氣使喚女職員。

這時，女職員會反駁說：「誰叫喂！我又不是沒名沒姓。我們辛辛苦苦地為你趕辦事情，你竟然連一句『謝謝』也不說。我們又不是你的奴隸。」

因此，有求於人時，應該如此說：

「×小姐，很抱歉，又是一件急件，請妳幫一下忙。拜託！」

等對方將事情辦好之後，必須再禮貌地說：「謝謝妳！啊，辦得眞好！」

上司也是一樣，雖然他也喜歡別人誇獎他，但與其當面戴他高帽子，不如私下利用適當的時機說說他的好話，過於露骨的戴高帽子方式，總是令人難以接受的。

當上司對自己的意見或建議缺乏自信時，有時也希望部屬在一旁加以支援、贊成，但因爲礙於情面，因此不敢明說。

這時，上司會反覆強調自己意見中較缺乏自信的部分，並觀察部屬的臉色。

一般而言，強調缺乏自信部分的說法通常是：

「我認爲這絕對是正確的，理由是……」接著，又顯露出破綻般地說：「我說毫無問題，也不是說完全沒有問題。」

在這個時候，你應在一旁鼓勵上司說：「您說對了，問題的關鍵就是××和○○（舉出對方缺乏自信的部分），但我們都認爲它毫無問題。」上司也是人，只要你誇獎他，他便會覺得興奮，而且也會對誇獎他的人產生好感。

根據證實法學的研究發現，愈是重視權威的上司，愈具有此種傾向。研究工作是這樣進行的

：

首先，選出幾個擔任「主管」角色的人。接著事先經由問卷調查等方式，調查他們每個人對於「權力的慾求」到何種程度。所謂的權力慾求，是想以自己的影響力，任意操縱任何人的慾求。

接著，這些擔任「主管」職務的人，受委託要以下面的條件管理擔任「部屬」任務的三個人。

①作業是裝配模型。②作業種類有五種。③爲引起「部屬」的動機，應使用激勵、指責、勸告、加薪等任何一種方式。④當每個人完成五種作業時，要依照每一位「部屬」的速度，通知他們每一個人的標準作業達成度，並給予評語。⑤每位「部屬」的報酬是一百元，但各項種類不同的作業可加十二元或減十二元。

在這種條件下，以兩種不同的狀況進行實驗。

▼第一種狀況：「部屬」之一去奉承「主管」。在第二、四、五項作業結束時，誇獎「主管」說：「您眞是領導有方，將來一定是了不起的主管。」或者說：「工作順利完成，這都是您領導有方所致，謝謝您！」

▼第二種狀況：「部屬」一概不說奉承話。而且，每個人的工作量都相同。

在所有的作業都結束後，由各「主管」提出自己三位「部屬」的績效評價與加薪額。

結果非常明顯，這些主管給予善於奉承「部屬」的評價，往往比默默工作的「部屬」更高。當然，善於奉承的「部屬」，所得到的加薪額也是非常高的。「權力慾求」愈強的「主管」，愈會給予「部屬」此種差別待遇。

無論上司的作風多麼開明，總是沒有一個人會毫無「權力慾求」。

只要針對上司的慾求施以某些計策，對方必定會對你產生好感，這是十分確實的。

大展出版社有限公司	圖書目錄
地址：台北市北投區11204 致遠一路二段12巷1號 郵撥： 0166955～1	電話：(02) 8236031 8236033 傳眞：(02) 8272069

•法律專欄連載•電腦編號 58

台大法學院 法律學系／策劃
法律服務社／編著

①別讓您的權利睡著了[1] 200元
②別讓您的權利睡著了[2] 200元

•秘傳占卜系列•電腦編號 14

①手相術	淺野八郎著	150元
②人相術	淺野八郎著	150元
③西洋占星術	淺野八郎著	150元
④中國神奇占卜	淺野八郎著	150元
⑤夢判斷	淺野八郎著	150元
⑥前世、來世占卜	淺野八郎著	150元
⑦法國式血型學	淺野八郎著	150元
⑧靈感、符咒學	淺野八郎著	150元
⑨紙牌占卜學	淺野八郎著	150元
⑩ＥＳＰ超能力占卜	淺野八郎著	150元
⑪猶太數的秘術	淺野八郎著	150元
⑫新心理測驗	淺野八郎著	160元
⑬塔羅牌預言秘法	淺野八郎著	200元

•趣味心理講座•電腦編號 15

①性格測驗１	探索男與女	淺野八郎著	140元
②性格測驗２	透視人心奥秘	淺野八郎著	140元
③性格測驗３	發現陌生的自己	淺野八郎著	140元
④性格測驗４	發現你的真面目	淺野八郎著	140元
⑤性格測驗５	讓你們吃驚	淺野八郎著	140元
⑥性格測驗６	洞穿心理盲點	淺野八郎著	140元
⑦性格測驗７	探索對方心理	淺野八郎著	140元
⑧性格測驗８	由吃認識自己	淺野八郎著	140元

⑨性格測驗9	戀愛知多少	淺野八郎著	160元
⑩性格測驗10	由裝扮瞭解人心	淺野八郎著	160元
⑪性格測驗11	敲開內心玄機	淺野八郎著	140元
⑫性格測驗12	透視你的未來	淺野八郎著	140元
⑬血型與你的一生		淺野八郎著	160元
⑭趣味推理遊戲		淺野八郎著	160元
⑮行爲語言解析		淺野八郎著	160元

・婦幼天地・電腦編號16

①八萬人減肥成果	黃靜香譯	180元
②三分鐘減肥體操	楊鴻儒譯	150元
③窈窕淑女美髮秘訣	柯素娥譯	130元
④使妳更迷人	成　玉譯	130元
⑤女性的更年期	官舒妍編譯	160元
⑥胎內育兒法	李玉瓊編譯	150元
⑦早產兒袋鼠式護理	唐岱蘭譯	200元
⑧初次懷孕與生產	婦幼天地編譯組	180元
⑨初次育兒12個月	婦幼天地編譯組	180元
⑩斷乳食與幼兒食	婦幼天地編譯組	180元
⑪培養幼兒能力與性向	婦幼天地編譯組	180元
⑫培養幼兒創造力的玩具與遊戲	婦幼天地編譯組	180元
⑬幼兒的症狀與疾病	婦幼天地編譯組	180元
⑭腿部苗條健美法	婦幼天地編譯組	180元
⑮女性腰痛別忽視	婦幼天地編譯組	150元
⑯舒展身心體操術	李玉瓊編譯	130元
⑰三分鐘臉部體操	趙薇妮著	160元
⑱生動的笑容表情術	趙薇妮著	160元
⑲心曠神怡減肥法	川津祐介著	130元
⑳內衣使妳更美麗	陳玄茹譯	130元
㉑瑜伽美姿美容	黃靜香編著	150元
㉒高雅女性裝扮學	陳珮玲譯	180元
㉓蠶糞肌膚美顏法	坂梨秀子著	160元
㉔認識妳的身體	李玉瓊譯	160元
㉕產後恢復苗條體態	居理安・芙萊喬著	200元
㉖正確護髮美容法	山崎伊久江著	180元
㉗安琪拉美姿養生學	安琪拉蘭斯博瑞著	180元
㉘女體性醫學剖析	增田豐著	220元
㉙懷孕與生產剖析	岡部綾子著	180元
㉚斷奶後的健康育兒	東城百合子著	220元
㉛引出孩子幹勁的責罵藝術	多湖輝著	170元

㉜培養孩子獨立的藝術	多湖輝著	170元
㉝子宮肌瘤與卵巢囊腫	陳秀琳編著	180元
㉞下半身減肥法	納他夏・史達賓著	180元
㉟女性自然美容法	吳雅菁編著	180元
㊱再也不發胖	池園悅太郎著	170元
㊲生男生女控制術	中垣勝裕著	220元
㊳使妳的肌膚更亮麗	楊　皓編著	170元
㊴臉部輪廓變美	芝崎義夫著	180元
㊵斑點、皺紋自己治療	高須克彌著	180元
㊶面皰自己治療	伊藤雄康著	180元
㊷隨心所欲瘦身冥想法	原久子著	180元
㊸胎兒革命	鈴木丈織著	180元
㊹NS磁氣平衡法塑造窈窕奇蹟	古屋和江著	180元

・青 春 天 地・電腦編號 17

①A血型與星座	柯素娥編譯	160元
②B血型與星座	柯素娥編譯	160元
③O血型與星座	柯素娥編譯	160元
④AB血型與星座	柯素娥編譯	120元
⑤青春期性教室	呂貴嵐編譯	130元
⑥事半功倍讀書法	王毅希編譯	150元
⑦難解數學破題	宋釗宜編譯	130元
⑧速算解題技巧	宋釗宜編譯	130元
⑨小論文寫作秘訣	林顯茂編譯	120元
⑪中學生野外遊戲	熊谷康編著	120元
⑫恐怖極短篇	柯素娥編譯	130元
⑬恐怖夜話	小毛驢編譯	130元
⑭恐怖幽默短篇	小毛驢編譯	120元
⑮黑色幽默短篇	小毛驢編譯	120元
⑯靈異怪談	小毛驢編譯	130元
⑰錯覺遊戲	小毛驢編譯	130元
⑱整人遊戲	小毛驢編著	150元
⑲有趣的超常識	柯素娥編譯	130元
⑳哦！原來如此	林慶旺編譯	130元
㉑趣味競賽100種	劉名揚編譯	120元
㉒數學謎題入門	宋釗宜編譯	150元
㉓數學謎題解析	宋釗宜編譯	150元
㉔透視男女心理	林慶旺編譯	120元
㉕少女情懷的自白	李桂蘭編譯	120元
㉖由兄弟姊妹看命運	李玉瓊編譯	130元

㉗趣味的科學魔術	林慶旺編譯	150元
㉘趣味的心理實驗室	李燕玲編譯	150元
㉙愛與性心理測驗	小毛驢編譯	130元
㉚刑案推理解謎	小毛驢編譯	130元
㉛偵探常識推理	小毛驢編譯	130元
㉜偵探常識解謎	小毛驢編譯	130元
㉝偵探推理遊戲	小毛驢編譯	130元
㉞趣味的超魔術	廖玉山編著	150元
㉟趣味的珍奇發明	柯素娥編著	150元
㊱登山用具與技巧	陳瑞菊編著	150元

•健 康 天 地•電腦編號 18

①壓力的預防與治療	柯素娥編譯	130元
②超科學氣的魔力	柯素娥編譯	130元
③尿療法治病的神奇	中尾良一著	130元
④鐵證如山的尿療法奇蹟	廖玉山譯	120元
⑤一日斷食健康法	葉慈容編譯	150元
⑥胃部強健法	陳炳崑譯	120元
⑦癌症早期檢查法	廖松濤譯	160元
⑧老人痴呆症防止法	柯素娥編譯	130元
⑨松葉汁健康飲料	陳麗芬編譯	130元
⑩揉肚臍健康法	永井秋夫著	150元
⑪過勞死、猝死的預防	卓秀貞編譯	130元
⑫高血壓治療與飲食	藤山順豐著	150元
⑬老人看護指南	柯素娥編譯	150元
⑭美容外科淺談	楊啟宏著	150元
⑮美容外科新境界	楊啟宏著	150元
⑯鹽是天然的醫生	西英司郎著	140元
⑰年輕十歲不是夢	梁瑞麟譯	200元
⑱茶料理治百病	桑野和民著	180元
⑲綠茶治病寶典	桑野和民著	150元
⑳杜仲茶養顏減肥法	西田博著	150元
㉑蜂膠驚人療效	瀨長良三郎著	180元
㉒蜂膠治百病	瀨長良三郎著	180元
㉓醫藥與生活	鄭炳全著	180元
㉔鈣長生寶典	落合敏著	180元
㉕大蒜長生寶典	木下繁太郎著	160元
㉖居家自我健康檢查	石川恭三著	160元
㉗永恒的健康人生	李秀鈴譯	200元
㉘大豆卵磷脂長生寶典	劉雪卿譯	150元

㉙芳香療法	梁艾琳譯	160元
㉚醋長生寶典	柯素娥譯	180元
㉛從星座透視健康	席拉・吉蒂斯著	180元
㉜愉悅自在保健學	野本二士夫著	160元
㉝裸睡健康法	丸山淳士等著	160元
㉞糖尿病預防與治療	藤田順豐著	180元
㉟維他命長生寶典	菅原明子著	180元
㊱維他命C新效果	鐘文訓編	150元
㊲手、腳病理按摩	堤芳朗著	160元
㊳AIDS瞭解與預防	彼得塔歇爾著	180元
㊴甲殼質殼聚糖健康法	沈永嘉譯	160元
㊵神經痛預防與治療	木下眞男著	160元
㊶室內身體鍛鍊法	陳炳崑編著	160元
㊷吃出健康藥膳	劉大器編著	180元
㊸自我指壓術	蘇燕謀編著	160元
㊹紅蘿蔔汁斷食療法	李玉瓊編著	150元
㊺洗心術健康秘法	竺翠萍編譯	170元
㊻枇杷葉健康療法	柯素娥編譯	180元
㊼抗衰血癒	楊啟宏著	180元
㊽與癌搏鬥記	逸見政孝著	180元
㊾冬蟲夏草長生寶典	高橋義博著	170元
㊿痔瘡・大腸疾病先端療法	宮島伸宜著	180元
51膠布治癒頑固慢性病	加瀨建造著	180元
52芝麻神奇健康法	小林貞作著	170元
53香煙能防止癡呆？	高田明和著	180元
54穀菜食治癌療法	佐藤成志著	180元
55貼藥健康法	松原英多著	180元
56克服癌症調和道呼吸法	帶津良一著	180元
57Ｂ型肝炎預防與治療	野村喜重郎著	180元
58青春永駐養生導引術	早島正雄著	180元
59改變呼吸法創造健康	原久子著	180元
60荷爾蒙平衡養生秘訣	出村博著	180元
61水美肌健康法	井戶勝富著	170元
62認識食物掌握健康	廖梅珠編著	170元
63痛風劇痛消除法	鈴木吉彥著	180元
64酸莖菌驚人療效	上田明彥著	180元
65大豆卵磷脂治現代病	神津健一著	200元
66時辰療法──危險時刻凌晨４時	呂建強等著	180元
67自然治癒力提升法	帶津良一著	180元
68巧妙的氣保健法	藤平墨子著	180元
69治癒Ｃ型肝炎	熊田博光著	180元

⑳肝臟病預防與治療	劉名揚編著	180元
㉑腰痛平衡療法	荒井政信著	180元
㉒根治多汗症、狐臭	稻葉益巳著	220元
㉓40歲以後的骨質疏鬆症	沈永嘉譯	180元
㉔認識中藥	松下一成著	180元
㉕認識氣的科學	佐佐木茂美著	180元
㉖我戰勝了癌症	安田伸著	180元
㉗斑點是身心的危險信號	中野進著	180元
㉘艾波拉病毒大震撼	玉川重德著	180元
㉙重新還我黑髮	桑名隆一郎著	180元
㉚身體節律與健康	林博史著	180元
㉛生薑治萬病	石原結實著	180元

•實用女性學講座• 電腦編號 19

①解讀女性內心世界	島田一男著	150元
②塑造成熟的女性	島田一男著	150元
③女性整體裝扮學	黃靜香編著	180元
④女性應對禮儀	黃靜香編著	180元
⑤女性婚前必修	小野十傳著	200元
⑥徹底瞭解女人	田口二州著	180元
⑦拆穿女性謊言88招	島田一男著	200元
⑧解讀女人心	島田一男著	200元

•校 園 系 列• 電腦編號 20

①讀書集中術	多湖輝著	150元
②應考的訣竅	多湖輝著	150元
③輕鬆讀書贏得聯考	多湖輝著	150元
④讀書記憶秘訣	多湖輝著	150元
⑤視力恢復！超速讀術	江錦雲譯	180元
⑥讀書36計	黃柏松編著	180元
⑦驚人的速讀術	鐘文訓編著	170元
⑧學生課業輔導良方	多湖輝著	180元
⑨超速讀超記憶法	廖松濤編著	180元
⑩速算解題技巧	宋釗宜編著	200元
⑪看圖學英文	陳炳崑編著	200元

•實用心理學講座• 電腦編號 21

①拆穿欺騙伎倆	多湖輝著	140元

②創造好構想　多湖輝著　140元
③面對面心理術　多湖輝著　160元
④偽裝心理術　多湖輝著　140元
⑤透視人性弱點　多湖輝著　140元
⑥自我表現術　多湖輝著　180元
⑦不可思議的人性心理　多湖輝著　150元
⑧催眠術入門　多湖輝著　150元
⑨責罵部屬的藝術　多湖輝著　150元
⑩精神力　多湖輝著　150元
⑪厚黑說服術　多湖輝著　150元
⑫集中力　多湖輝著　150元
⑬構想力　多湖輝著　150元
⑭深層心理術　多湖輝著　160元
⑮深層語言術　多湖輝著　160元
⑯深層說服術　多湖輝著　180元
⑰掌握潛在心理　多湖輝著　160元
⑱洞悉心理陷阱　多湖輝著　180元
⑲解讀金錢心理　多湖輝著　180元
⑳拆穿語言圈套　多湖輝著　180元
㉑語言的內心玄機　多湖輝著　180元

• 超現實心理講座 • 電腦編號 22

①超意識覺醒法　詹蔚芬編譯　130元
②護摩秘法與人生　劉名揚編譯　130元
③秘法！超級仙術入門　陸　明譯　150元
④給地球人的訊息　柯素娥編著　150元
⑤密教的神通力　劉名揚編著　130元
⑥神秘奇妙的世界　平川陽一著　180元
⑦地球文明的超革命　吳秋嬌譯　200元
⑧力量石的秘密　吳秋嬌譯　180元
⑨超能力的靈異世界　馬小莉譯　200元
⑩逃離地球毀滅的命運　吳秋嬌譯　200元
⑪宇宙與地球終結之謎　南山宏著　200元
⑫驚世奇功揭秘　傅起鳳著　200元
⑬啟發身心潛力心象訓練法　栗田昌裕著　180元
⑭仙道術遁甲法　高藤聰一郎著　220元
⑮神通力的秘密　中岡俊哉著　180元
⑯仙人成仙術　高藤聰一郎著　200元
⑰仙道符咒氣功法　高藤聰一郎著　220元
⑱仙道風水術尋龍法　高藤聰一郎著　200元

⑲仙道奇蹟超幻像　高藤聰一郎著　200元
⑳仙道鍊金術房中法　高藤聰一郎著　200元
㉑奇蹟超醫療治癒難病　深野一幸著　220元
㉒揭開月球的神秘力量　超科學研究會　180元
㉓西藏密教奧義　高藤聰一郎著　250元

・養 生 保 健・電腦編號23

①醫療養生氣功　黃孝寬著　250元
②中國氣功圖譜　余功保著　230元
③少林醫療氣功精粹　井玉蘭著　250元
④龍形實用氣功　吳大才等著　220元
⑤魚戲增視強身氣功　宮　嬰著　220元
⑥嚴新氣功　前新培金著　250元
⑦道家玄牝氣功　張　章著　200元
⑧仙家秘傳袪病功　李遠國著　160元
⑨少林十大健身功　秦慶豐著　180元
⑩中國自控氣功　張明武著　250元
⑪醫療防癌氣功　黃孝寬著　250元
⑫醫療強身氣功　黃孝寬著　250元
⑬醫療點穴氣功　黃孝寬著　250元
⑭中國八卦如意功　趙維漢著　180元
⑮正宗馬禮堂養氣功　馬禮堂著　420元
⑯秘傳道家筋經內丹功　王慶餘著　280元
⑰三元開慧功　辛桂林著　250元
⑱防癌治癌新氣功　郭　林著　180元
⑲禪定與佛家氣功修煉　劉天君著　200元
⑳顛倒之術　梅自強著　360元
㉑簡明氣功辭典　吳家駿編　360元
㉒八卦三合功　張全亮著　230元
㉓朱砂掌健身養生功　楊　永著　250元
㉔抗老功　陳九鶴著　230元

・社會人智囊・電腦編號24

①糾紛談判術　清水增三著　160元
②創造關鍵術　淺野八郎著　150元
③觀人術　淺野八郎著　180元
④應急詭辯術　廖英迪編著　160元
⑤天才家學習術　木原武一著　160元
⑥猫型狗式鑑人術　淺野八郎著　180元

⑦逆轉運掌握術　淺野八郎著　180元
⑧人際圓融術　澀谷昌三著　160元
⑨解讀人心術　淺野八郎著　180元
⑩與上司水乳交融術　秋元隆司著　180元
⑪男女心態定律　小田晉著　180元
⑫幽默說話術　林振輝編著　200元
⑬人能信賴幾分　淺野八郎著　180元
⑭我一定能成功　李玉瓊譯　180元
⑮獻給青年的嘉言　陳蒼杰譯　180元
⑯知人、知面、知其心　林振輝編著　180元
⑰塑造堅強的個性　坂上肇著　180元
⑱爲自己而活　佐藤綾子著　180元
⑲未來十年與愉快生活有約　船井幸雄著　180元
⑳超級銷售話術　杜秀卿譯　180元
㉑感性培育術　黃靜香編著　180元
㉒公司新鮮人的禮儀規範　蔡媛惠譯　180元
㉓傑出職員鍛鍊術　佐佐木正著　180元
㉔面談獲勝戰略　李芳黛譯　180元
㉕金玉良言撼人心　森純大著　180元
㉖男女幽默趣典　劉華亭編著　180元
㉗機智說話術　劉華亭編著　180元
㉘心理諮商室　柯素娥譯　180元
㉙如何在公司頭角崢嶸　佐佐木正著　180元
㉚機智應對術　李玉瓊編著　200元
㉛克服低潮良方　坂野雄二著　180元
㉜智慧型說話技巧　沈永嘉編著　元
㉝記憶力、集中力增進術　廖松濤編著　180元

•精 選 系 列•電腦編號25

①毛澤東與鄧小平　渡邊利夫等著　280元
②中國大崩裂　江戶介雄著　180元
③台灣•亞洲奇蹟　上村幸治著　220元
④7-ELEVEN高盈收策略　國友隆一著　180元
⑤台灣獨立　森　詠著　200元
⑥迷失中國的末路　江戶雄介著　220元
⑦2000年5月全世界毀滅　紫藤甲子男著　180元
⑧失去鄧小平的中國　小島朋之著　220元
⑨世界史爭議性異人傳　桐生操著　200元
⑩淨化心靈享人生　松濤弘道著　220元
⑪人生心情診斷　賴藤和寬著　220元

國家圖書館出版品預行編目資料

智慧型說話技巧／沈永嘉編著，—2版
—台北市：大展，民86
面：21公分—（社會人智囊；32）
ISBN 957-557-766-3（平裝）

1.口才 2.人際關係

192.32　　86013010

智慧型說話技巧

ISBN 957-557-766-3

編著者／沈 永 嘉
發行人／蔡 森 明
出版者／大展出版社有限公司
社 址／台北市北投區（石牌）致遠一路二段12巷1號
電 話／(02) 28236031・28236033
傳 真／(02) 28272069
郵政劃撥／0166955－1
登記證／局版臺業字第2171號
承印者／國順圖書印刷公司
裝 訂／嶸興裝訂有限公司
排版者／千兵企業有限公司
電 話／(02) 28812643
初版1刷／1991年（民80年）3月
2版1刷／1997年（民86年）12月
2刷／1998年（民87年）2月　　定 價／180元

大展好書　好書大展

大展好書 好書大展